ABUS DE FAIBLESSE
ET AUTRES MANIPULATIONS

Marie-France Hirigoyen

ABUS DE FAIBLESSE ET AUTRES MANIPULATIONS

JC Lattès

Ouvrage publié
sous la direction de Muriel HEES

Maquette de couverture : Atelier Didier Thimonier

ISBN : 978-2-7096-3671-1

Introduction

Qui peut dire qu'il n'a jamais été manipulé ? Qui n'a jamais eu le sentiment que quelqu'un avait « profité » de lui, qu'on l'avait arnaqué ? On a généralement du mal à l'avouer car on se sent honteux et on préfère le cacher. Pourtant, c'est ce qui arrive tous les jours à des personnes vulnérables.

Ces derniers temps, des faits divers concernant des figures médiatiques considérées comme fragiles par leurs proches ont mis sur le devant de la scène des plaintes pour abus de faiblesse. Ces faits qui nous impressionnent par l'ampleur des sommes engagées ou la notoriété des victimes sont loin d'être isolés. Beaucoup de psychiatres sont amenés à rencontrer des victimes de manipulations ou d'arnaques à première vue plus anodines mais qui les ébranlent gravement.

Les dimensions morales

Parler d'abus de faiblesse, c'est s'interroger sur les notions de consentement, de soumission et de liberté. Le consentement d'une personne est-il toujours le signe d'un véritable accord ? Cette personne possède-t-elle tous les éléments nécessaires à son choix ? Son consentement suffit-il pour dire que l'acte est licite ? La réponse à ces questions va au-delà du droit et convoque la morale et la psychologie. Quelles sont, précisément, les limites de ce qui est acceptable sur le plan moral ? Que dire de ces situations où l'abus de faiblesse n'est pas patent au niveau légal et donc pas sanctionnable, mais où, incontestablement, il y a eu manipulation et violence psychique pour obtenir un consentement ? Nous analyserons ces cas où un individu use de la faiblesse d'un autre pour « profiter » de lui. Il est difficile d'apporter les preuves d'un abus, à plus forte raison d'un abus sexuel. Il existe une zone grise, souvent qualifiée de « comportement inapproprié », entre les faits objectifs sanctionnables et une relation consentie. Comment apporter les preuves d'un non-consentement quand, à la pression subie de la part de l'agresseur, s'ajoutent la honte d'avoir à parler de sa vie intime et la peur des représailles ? L'actualité nous le montre quotidiennement : des actes peuvent ne pas être *juridiquement* sanctionnables mais paraître *moralement* contestables à certains. Toute la difficulté vient de ce que cette barrière morale n'est pas la même pour tous, alors, où placer le curseur ?

Le cadre législatif

En France, des mesures de protection existent. La loi sanctionne les abus de faiblesse à condition que soient caractérisés trois points : la vulnérabilité de la victime, la connaissance de cette vulnérabilité par la personne poursuivie et le fait que cet acte soit gravement préjudiciable à la victime. Cependant, comme nous le verrons, chacune de ces caractéristiques peut donner lieu à des interprétations différentes. Et parce qu'il est difficile de démontrer que des adultes, ayant donné un consentement apparemment libre, se trouvaient en situation de vulnérabilité, un grand nombre de plaintes sont classées sans suite.

L'article L.223-15 du code pénal établit que doivent être protégés les mineurs et les majeurs rendus vulnérables par l'âge ou la maladie ainsi que les individus en état de sujétion psychologique. Cette dernière notion, ajoutée au texte initial dans le but de renforcer la lutte contre les groupes dits sectaires, est aussi délicate à analyser qu'à concevoir. Si on comprend aisément que des personnes âgées dont les capacités intellectuelles déclinent ou que des enfants dont l'esprit critique est encore insuffisant se laissent abuser, il paraît invraisemblable que des adultes intelligents et conscients puissent être bernés par un escroc ou un manipulateur, à plus forte raison quand ils ont été mis en garde.

Même si la loi sur l'abus de faiblesse prend en compte la sujétion psychologique, les troubles psychiques qui en découlent ne sont pas, sauf cas extrême, juridiquement assignables. Seule l'escroquerie, c'est-à-dire l'atteinte aux biens, peut l'être. En effet, bien que ces lois constituent une avancée considérable pour des personnes piégées dans une relation destructrice, ces délits sont difficiles à prouver et peuvent être également utilisés de façon complètement manipulatoire afin de disqualifier quelqu'un, ce qui explique la réticence des juges.

La dimension comportementale

Quand on est soi-même arnaqué, on se dit : « Je suis trop bête ! », mais si quelqu'un d'autre tombe dans le piège, on s'étonne de sa crédulité.

De nombreuses recherches scientifiques ont tenté de comprendre les ressorts de l'acceptation et de la soumission. Si les premières études ont d'abord été menées par des philosophes, elles ont ensuite été réalisées par des chercheurs en sciences sociales et en communication, et concernent avant tout la vente ou le marketing. Leur objectif n'est pas de protéger de futures victimes mais bien d'améliorer les astuces ou méthodes qui permettent de convaincre un consommateur d'acheter tel produit plutôt que tel autre. Dans cette optique, ils ont détaillé les différents facteurs qui participent de l'efficacité d'une manipulation : la technique du manipulateur, le contexte, le moment de moindre vigilance de la personne ciblée, et quelques caractéristiques la concernant. Pourtant, si les manipulations ont été abondamment étudiées sur le plan comportemental, la psychologie des victimes et les processus inconscients qui les animent ont rarement fait l'étude de recherches psychanalytiques. Or la dimension comportementale ne permet pas à elle seule d'expliquer que les individus se fassent piéger, surtout quand ils savent que leur interlocuteur n'est pas digne de confiance.

Influence ou manipulation ?

Qui n'a jamais eu le sentiment d'avoir pris une décision ou d'avoir agi contre son gré, sous l'influence du comportement ou des paroles d'autrui, en gardant de cette expérience une impression de malaise ? Est-ce que, pour autant, l'autre a voulu forcément nous causer un préjudice ? La vie nous confronte à mille petites manipulations anodines qui ne nécessitent pas d'être judiciarisées. Revers de la médaille, cela banalise les

comportements limites et complique les dénonciations de manipulations beaucoup plus graves.

Où commence l'influence normale et saine et où
commence la manipulation ? Quelle est la limite ?

Il nous arrive aussi, consciemment ou non,
de manipuler : une communication n'est jamais
complètement neutre. Ce peut être pour le bien de
l'autre (un parent veut faire prendre un médica-
ment à son enfant ; un professeur essaie de mieux
faire passer son enseignement...). Cela peut se faire
aussi de façon inoffensive, à l'instar du conjoint
qu'on manipule pour qu'il accepte d'aller à une
soirée qui l'ennuie. Aucun secteur de la vie relationnelle n'échappe à la manipulation, que ce soit
au travail pour obtenir un coup de main d'un collègue, ou en amitié lorsque nous travestissons les
faits pour donner une meilleure image de nous.
Dans ces cas, la manipulation n'est pas malveillante
ni destructrice, elle fait partie, tant qu'il existe une
réciprocité, d'un échange normal. Mais s'il s'opère
une prise de pouvoir de l'un sur l'autre, elle devient
alors abusive.

Les victimes d'abus de faiblesse

Très logiquement, ce sont rarement les abuseurs
qui viennent consulter puisqu'ils estiment que leur
comportement ne pose aucun problème. En
revanche, les psychiatres reçoivent parfois des

victimes de manipulations qui essaient de se déprendre d'une situation abusive, de « décrocher » d'une emprise, mais le plus souvent elles réagissent trop tard, quand elles prennent conscience qu'elles ont été arnaquées et qu'elles sont blessées. Il arrive aussi que ce soient les familles qui prennent les devants : « Notre enfant / notre sœur est sous emprise, nous ne la reconnaissons plus. Comment l'aider ? Que pouvons-nous faire ? »

LES PERSONNES ÂGÉES

Parmi les individus ciblés, à quel moment parler de la vulnérabilité d'une personne âgée ? À moins d'un accident vasculaire cérébral, le glissement vers la perte d'autonomie se fait progressivement car on ne devient pas sénile du jour au lendemain. Un individu peut profiter de l'affaiblissement de la personne âgée pour exercer sur elle une emprise affective qui se soldera par une reconnaissance et une générosité marquées à son égard. Le manipulateur affirmera ensuite que ce don, ce legs était totalement volontaire et qu'il n'y a là aucune forme d'abus.

Nous verrons que, contrairement aux apparences, dans un abus de faiblesse l'enjeu inconscient n'est pas uniquement l'argent mais bien plus l'amour, car, derrière une captation d'héritage, il y a aussi une escroquerie affective. Profitant d'un problème relationnel entre un parent et un membre de sa famille, un tiers tâchera d'éloigner une personne vulnérable de sa famille légitime et se posera en famille idéale de substitution, méritant une place dans le testament. Dans le cas d'une rivalité entre frères et sœurs, l'un d'eux tentera de s'imposer auprès du parent au détriment des autres héritiers.

LES ENFANTS

L'enfance est un temps de construction de la personnalité et aussi de dépendance affective, intellectuelle et psychologique, ce qui rend les mineurs extrêmement vulnérables à la manipulation.

Les plus jeunes qui devraient être à l'abri de toute influence négative, au moins au sein du foyer familial, sont parfois manipulés par ceux-là mêmes censés les protéger. Il arrive en effet que, dans un contexte de séparation conflictuelle, un père ou une mère manipule inconsciemment un enfant pour l'amener à rejeter l'autre parent. Dans un processus d'aliénation parentale les enfants sont les premières victimes : non seulement ce conflit affecte considérablement leur devenir psychique, mais ils deviennent aussi complices de l'élimination du parent rejeté, à laquelle ils ont participé activement.

Il est important de repérer tôt le glissement du *normal* lors d'une séparation conflictuelle (difficulté à trouver sa place de parent) vers le *pathologique* (instrumentalisation de l'enfant le conduisant à rejeter l'autre parent), car cette rupture de lien représente un abus émotionnel grave pour l'enfant.

L'aliénation parentale constitue un abus de faiblesse parce qu'un enfant, par essence vulnérable, n'a pas la maturité suffisante pour s'affranchir d'un tel conflit.

De même, un adolescent en quête d'autonomie et de liberté, mais qui n'a pas encore développé un esprit critique suffisant, peut se laisser séduire par un discours de transgression ou d'embrigadement d'un copain manipulateur, ou d'un gourou de secte. Comment distinguer la crise normale d'un adolescent d'une situation de mineur en danger ?

LES MAJEURS

Si tout le monde peut être manipulé, certaines personnes présentent un plus grand risque que d'autres de se laisser entraîner au-delà de leurs limites. Nous essaierons d'analyser ce qui constitue la vulnérabilité psychologique des victimes (pourquoi leur psychisme a pu se soumettre à celui d'un séducteur cherchant à les abuser). Nous verrons comment certains ont besoin d'une croyance pour donner un sens à leur existence, comment d'autres ont besoin d'une excitation pour les tirer de l'ennui ou de la dépression.

Dans le phénomène d'emprise, ce qui frappe, c'est l'envahissement du psychisme d'un individu par celui d'un autre, conduisant la personne manipulée à des décisions ou à des actions qui lui sont préjudiciables. Certes voir ses pensées envahies par quelqu'un d'autre est le propre de tout état amoureux, mais la relation doit alors être réci-proque et nullement malveillante. Dans une rela-tion abusive, au contraire, l'envahissement est imposé par des pressions psychologiques qui ne cessent que lorsque le sujet ciblé finit par céder. Fausser la perception de la réalité d'un individu en usant d'un rapport de pouvoir, de séduction ou de suggestion, n'est-ce pas la définition même de la sujétion psychologique ?

Qui sont les abuseurs ?

La question est essentielle : qui sont ces escrocs et manipulateurs qui savent si bien profiter des faiblesses de leurs concitoyens ? D'où vient leur capacité à repérer les fragilités ou les désirs incons-cients de l'autre pour en tirer profit ? Qu'est-ce qui pousse une employée modèle à se rendre indispen-sable auprès d'une personne seule et se faire offrir des cadeaux hors de prix ? Comment un séducteur fait-il pour cueillir sur Internet des jeunes femmes en quête d'amour pour ensuite abuser d'elles mora-lement ? Comment s'y prennent-ils pour se faire accepter et ne pas se faire repérer d'emblée ?

Pour illustrer le glissement qui s'opère entre une manipulation anodine et un abus, j'ai choisi de relater des histoires de manipulations extrêmes ou touchant des personnes célèbres. Si les récits d'escroqueries « du siècle », de petites ou de grandes manipulations nous fascinent tant, c'est que nous admirons secrètement le culot des manipulateurs qui ont la chance de ne pas être comme nous, bloqués par leurs inhibitions, leurs angoisses ou leur culpabilité, et qui réalisent ainsi les fantasmes communs de toute-puissance, constituant un sujet grisant pour les romanciers et les cinéastes. Il est étonnant de voir comment un individu, par son seul charme, réussit à faire agir autrui par procuration et comment la victime, elle, en vient à accepter cette dépendance, voire à la rechercher.

L'actualité met parfois sur le devant de la scène de grands mythomanes comme Jean-Claude Romand ou Noa / Salomé, de grands imposteurs comme Christophe Rocancourt, ou des escrocs comme Bernard Madoff. Nous les regardons un peu comme des extraterrestres loin de notre quotidien, mais nous verrons que des manipulations nous guettent partout dans notre vie quotidienne ou au-delà de l'écran de notre ordinateur.

Entre les mythomanes qui ne blessent que l'amour-propre de leurs victimes trop crédules, les escrocs qui s'en prennent à l'argent et les pervers narcissiques qui attaquent l'intégrité psychique d'une personne, il existe toute une gamme d'imposteurs. Ils présentent une base commune : tous mentent mais les mensonges des mythomanes sont mieux construits, tous savent se poser en victime mais cela culmine chez ceux qui miment des maladies, tous trichent mais les usurpateurs d'identité s'inventent une biographie nouvelle, tous arnaquent les autres mais les escrocs volent de plus grosses sommes. Quant aux pervers narcissiques, qui sont les plus habiles, ils réussissent dans à peu près tout cela, sans qu'on les repère.

Se garder des confusions

Mais attention aux excès. On parle très rapidement de manipulation. Dès qu'un sujet se retrouve en situation de faiblesse, il tend à traiter son conjoint, sa conjointe, son patron ou un parent de manipulateur, de pervers. Dans la catégorie des bons manipulateurs, il faut certes compter les pervers moraux et en particulier les pervers narcissiques, mais ce qui doit être réprouvé ou sanctionné, c'est un comportement et non pas un individu. Nous éclaircirons donc ces termes afin de ne pas cautionner des diagnostics qui sonnent parfois comme des accusations.

Encore une fois, il est très délicat de dénoncer les dérapages de ces manipulateurs qui jouent à la limite, et avec les limites. Une victime tentée de porter plainte se trouvera confrontée à la difficulté d'apporter des preuves et, si elle est déboutée, risquera une condamnation pour dénonciation calomnieuse. Il n'est guère plus aisé d'en parler, ne serait-ce que pour se questionner sur un comportement, car, s'ils possèdent un solide compte en banque et de bons avocats, ces habiles stratèges sauront riposter et attaqueront pour diffamation ou atteinte à la vie privée. Comme on le verra à propos d'un cas d'arnaque sentimentale ou de plusieurs affaires de harcèlement sexuel, le dossier finira par être étouffé. Au mieux, le silence de la victime sera acheté par une compensation financière. La justice ne peut trancher qu'à partir du concret, des faits, des preuves, et, ce faisant, génère parfois un sentiment d'injustice.

Généralisation des abus

Ces situations sont-elles nouvelles ? Certainement pas, pourtant les petits actes de manipulation et de tricherie se sont multipliés, et, nous y reviendrons à la fin du livre, les perversions morales se sont banalisées, sont devenues de nouvelles normes. Les critères communs caractérisant les pervers moraux sont aussi ceux d'*Homo Œconomicus*, celui qui saura se débrouiller au mieux dans notre société narcissique d'image et d'apparence. Pour réussir, il faut savoir séduire, influencer, manipuler et avancer sans trop de scrupules.

Dans une époque où tout le monde bluffe et où les méthodes de conditionnement se sont faites de plus en plus subtiles, comment surnager ? Une seule solution, s'adapter.

La société moderne a transformé les individus. Sur nos divans nous rencontrons de fait de plus en plus rarement des névrosés alors que ne cessent de croître les pathologies narcissiques, c'est-à-dire les déprimés, les psychosomatiques, les personnes dépendantes (à l'alcool, à des drogues, des médicaments, à la nourriture, à Internet, au sexe, etc.), ou les sujets ayant des fonctionnements pervers.

L'individu moderne est devenu vulnérable et cherche désespérément à rehausser son estime de soi. Parce qu'il se croit libre, il est devenu éminemment influençable, n'ayant plus le sens des limites. Certains en profitent pour essayer d'aller le plus loin possible, provoquant en réaction une multiplication des textes de loi. Autrefois la société fixait des interdits mais maintenant tout ce qui n'est pas strictement sanctionné légalement paraît possible. Or dans une situation d'abus de faiblesse, il est difficile de tracer la limite entre un fonctionnement légitime et un comportement abusif car il existe entre les deux une zone imprécise que nul ne peut qualifier avec certitude de violence.

La question des limites renvoie à des sujets polémiques : les observateurs extérieurs prennent position de façon partisane ou même caricaturale, multiplient les prises de position sur des blogs, réactivant des stéréotypes (par exemple les femmes contre les hommes, les pères contre les mères, et vice versa). Comme dans ces situations l'agression n'est pas évidente, il peut y avoir des accusations croisées : un harceleur sexuel se dira victime d'une plainte abusive, un parent aliénant retournera l'accusation contre l'autre parent, etc.

La loi sur l'abus de faiblesse, comme celles sur le harcèlement moral au travail et sur la violence psychologique dans le couple, vise des délits difficiles à établir, mais elle reste précieuse. On peut certes déplorer l'abondance de textes destinés à protéger toujours plus les individus, et estimer qu'on cherche trop à codifier les conduites ou à imposer des normes collectives dans la sphère privée, pourtant cela constitue un espoir pour des personnes qui ont été manipulées et qui demandent réparation.

Alors pourquoi ai-je choisi d'écrire sur les abus de faiblesse et d'insister sur les manipulations ?

En rédigeant mon premier livre, *Le harcèlement moral, la violence perverse au quotidien*, j'avais perçu, au départ à l'échelle de mes patients, que les manipulations et les abus s'étaient banalisés. Il s'est avéré que mes intuitions étaient bonnes. On rencontre désormais beaucoup moins d'autoritarisme ou de violence directe, et beaucoup plus d'attaques perverses et de harcèlement moral. Partout la violence s'est euphémisée.

Dans un ouvrage suivant, je me suis également intéressée à la solitude. Il apparaît que dans un monde surinformé nous pouvons perdre tout esprit critique et toute sensibilité à l'autre. J'ai aussi

approfondi mes recherches concernant les muta-
tions de notre époque et j'ai parfois ouvert des
portes.

Dans le monde du travail, il s'est avéré que derrière les comportements individuels de harcèlement
moral se cachait parfois un management pervers
induisant les dérives des individus. La cour de cas-
sation ne s'y est pas trompée et a sanctionné des
modes de management constituant du harcèlement
moral.

Aujourd'hui la violence conjugale est mieux
sanctionnée même si elle s'est faite plus subtile.
Cependant, rien n'arrête le besoin qu'ont certains
individus de dominer, d'humilier ou d'utiliser les
autres, et, comme nous le verrons, les arnaques
sentimentales sont de plus en plus nombreuses.

J'avance donc pas à pas dans la compréhension
des personnes et indirectement dans celle de notre
monde.

Ce livre n'a pas la prétention d'énoncer une
norme mais bien plutôt d'inciter à la réflexion,
nous amener à nous interroger sur les limites de ce
que chacun de nous peut accepter. Il se veut une
aide au discernement dans des situations d'abus de
faiblesse pour les victimes, les témoins et aussi les
professionnels.

CHAPITRE I

ABUS DE FAIBLESSE
ET MANIPULATION

Le terme « abus » vient du latin « *abusus* », « mauvais usage ». Il renvoie à l'usage excessif ou injuste de quelque chose. Par extension, « abuser » revient non seulement à outrepasser certains droits, profiter avec exagération d'une situation ou d'une personne, mais aussi à tromper en jouissant de la confiance de la personne concernée, voire de posséder une femme qui n'est pas en situation de refuser.

On passe donc d'une situation « normale », quand bien même excessive, à des agissements contestables ou préjudiciables à autrui. C'est ce glissement que nous allons interroger, en essayant de repérer le moment où l'usage abusif d'un comportement devient une atteinte au droit.

1. DU CONSENTEMENT ET DE LA LIBERTÉ

L'analyse de cette infraction qu'est l'abus de faiblesse dépasse le point de vue strictement juridique : la morale et la psychologie s'y mêlent, nous invitant à réfléchir aux notions de consentement et de soumission, de liberté et de dignité.

Le consentement

Le consentement exprime l'autonomie de penser d'un adulte responsable, c'est-à-dire sa capacité de décider par lui-même et d'agir conformément à sa réflexion.

Le mot « consentement », derrière son apparente simplicité, n'est que subtilités : le consentement peut être explicite, qu'il soit écrit ou exprimé verbalement devant témoin (« Consentez-vous à prendre pour époux ou épouse… ? ») ; il peut être implicite, tacite, suggéré ou interprété selon l'adage « Qui ne dit mot consent » ; il peut aussi être imposé, comme dans certains mariages arrangés, ou être influencé par le mensonge, la suggestion, voire l'intimidation. Il arrive également qu'il soit forcé par la violence ou la menace, et d'ailleurs pour leur défense la plupart des abuseurs sexuels disent : « Il / elle était consentant(e). » Lorsqu'une personne « laisse faire », on est tenté de croire qu'elle consent à ce qui est proposé, mais est-ce si sûr ? C'est toute la difficulté pour un juge d'évaluer la valeur d'un oui ou d'un non.

Le consentement libre et éclairé

Comme cela a été exigé en matière médicale, un consentement devrait être libre et éclairé : libre, c'est-à-dire sans contrainte d'aucune sorte, physique ou psychologique, et éclairé, c'est-à-dire en toute connaissance de cause. L'individu devrait savoir à quoi il consent et mesurer les conséquences ou les risques qui en découlent. Cela implique un acte réfléchi et intentionnel, donc distinct d'une passion ou d'un désir éphémère. C'est ainsi que la loi impose un délai de réflexion pour des actes aussi importants que le mariage, le divorce ou l'interruption volontaire de grossesse. Il s'agit d'éviter qu'un homme ou une femme soumis à une émotion soudaine prenne une décision qu'il ou elle viendrait à regretter.

Un débat philosophique

Ce débat philosophique n'est pas nouveau, mais des affaires récentes ont souligné la question et montré combien la notion de consentement est difficile à circonscrire.

Le consentement d'un sujet suffit-il à justifier son acte ? Permet-il de départager ce qui est licite et illicite ? Ou bien la justice et l'État devraient-ils définir dans certains cas, à la place d'un individu, ce qui est bien pour lui et le lui imposer, même sans son consentement ? Il y a là un débat philosophique contemporain qui divise d'un côté les juristes, à l'instar de Marcela Jacub[1], qui accordent la priorité à la liberté individuelle et à l'autonomie des individus, et de l'autre des philosophes comme Michela Marzano[2], pour qui le consentement à des actes qui remettent en cause la dignité humaine ne peut en aucun cas servir de principe justificateur.

Les philosophes ont toujours débattu des limites qui doivent être données à la liberté d'un individu. L'homme peut-il, par exemple, consentir à son propre esclavage ? Selon J. S. Mill : « Ce n'est pas la liberté que d'avoir la permission d'aliéner sa liberté[3]. »

Pour Marcela Jacub, un individu majeur est libre et a le droit d'exiger que l'on respecte son autonomie. Il peut donc choisir ses pratiques sexuelles, gaspiller son argent à sa guise, mettre sa vie en danger ou se faire euthanasier. Il n'y a rien à redire à cela du moment qu'il a donné son accord et que

---

1. Jacub Marcela, *Le crime était presque sexuel et autres essais de casuistique juridique*, Paris, Flammarion, 2003.
2. Marzano Michela, *Je consens, donc je suis... Éthique de l'autonomie*, Paris, PUF, 2006.
3. Mill J. S., *De la liberté*, 1859, Paris, Presses Pocket, 1990.

ces pratiques ne causent de tort à personne. Selon la juriste, le consentement convoque avant tout la notion de liberté individuelle et la protection de l'autonomie du sujet et tout acte, dès lors, est légitime s'il est effectué sous « contrat ». « Chacun doit pouvoir déterminer lui-même ce qu'est le bien pour lui. Personne n'a donc le droit d'intervenir sur ses choix ni sur ses décisions tant qu'elles n'interfèrent pas avec les choix ou les décisions des autres. »

Marzano, quant à elle, se demande si le consentement des individus est toujours le signe d'un véritable accord et l'expression de l'autonomie personnelle. Sur des sujets tels que la prostitution ou l'euthanasie, elle déplore que les défenseurs du consentement ne s'interrogent pas sur les contraintes sociales, culturelles, économiques et psychologiques qui influencent considérablement les choix individuels. La philosophe Geneviève Fraisse distingue ainsi deux sortes de consentements : l'un maximal, qui est une adhésion à une situation proposée, l'autre minimal, qui est une acceptation voire une soumission[1]. Nous en reparlerons à propos du harcèlement sexuel.

La notion de liberté se heurte parfois à celle de dignité de la personne. Pour Kant, la dignité résulte toujours de la capacité que l'homme a de raisonner et de vouloir. En 1963, H. L. Hart écrivait : « Porter préjudice à quelqu'un est quelque chose qu'il faut

1. Fraisse G., *Du consentement,* Paris, Le Seuil, 2007.

continuer à prévenir grâce à la loi pénale même lorsque les victimes consentent ou participent aux actes qui sont préjudiciables pour eux[1]. » Selon Marzano, une société juste est toujours celle qui protège les plus faibles, où l'État intervient pour circonscrire la force des oppresseurs.

Comment fixer la limite entre bien faire et trop faire pour protéger les personnes tout en respectant leur liberté, sans glisser non plus vers l'infantilisation de la personne ou le paternalisme ? Si la prise de position se justifie par des raisons relatives au bien-être, au bien, au bonheur, ou aux besoins de l'individu, cela peut aussi être interprété comme une façon de prendre le pouvoir sur lui en décrétant l'autre incompétent.

Dans le cas d'une personne âgée dont les facultés cognitives déclinent et qui connaît des baisses de lucidité de plus en plus fréquentes, doit-on estimer qu'elle est libre de ses choix, ou bien faut-il prendre des décisions à sa place ? Quel est le juste milieu ? Imaginons qu'un homme âgé épouse une femme inconnue qui a l'âge d'être sa petite fille : la famille s'inquiète, on le comprend. Mais on peut suivre la tendance actuelle de la société réclamant plus d'autonomie individuelle et répliquer : « Ton père est libre de vivre sa vie et de dépenser son argent

---

1. Hart H. L., *Law, Liberty and Morality*, New York, Vintage Book, 1963. Cité par Michela Marzano.

comme il veut ! » Nous analyserons plus en détail la situation des personnes âgées dans le chapitre suivant.

Établir la valeur d'un consentement est encore plus délicat lorsque la personne ne présente pas de fragilité apparente et se trouve seulement « sous emprise ». Les proches se sentent alors isolés, impuissants. Quand ils demandent de l'aide à la justice, ils ont du mal à se faire entendre. Vu de loin, leur combat paraît anecdotique : « C'est normal, les enfants doivent quitter les parents, surtout s'ils sont possessifs », dit-on à des pères et des mères avec qui les enfants ont coupé les liens.

Le fils de Jeanne est membre d'une secte depuis près de dix ans. Leurs derniers échanges épistolaires remontent à plusieurs années lorsque le groupe a connu des difficultés financières et que le gourou a demandé aux adeptes de récupérer de l'argent auprès des familles. Comme elle avait refusé, il avait rompu tout contact. Depuis, quand elle écrit à son fils, c'est un avocat qui répond, l'accusant de malveillance. Les familles des adeptes se sont regroupées et après plusieurs années de doute, Jeanne s'est décidée à porter plainte pour abus de faiblesse : « J'en ai assez d'entendre des personnes qui ne connaissent pas cette situation me dire que mon fils est adulte et donc libre de faire ce qu'il veut et de voir qui il veut. Je n'ai pas envie de "récupérer" mon fils, je veux seulement qu'il soit libre de voir qui il veut. »

Le consentement suffit-il ?

Quand on parle de consentement éclairé, il faut s'assurer que la personne dispose de tous les éléments nécessaires à son choix. Qu'en est-il d'un consentement obtenu par la menace, la manipulation ou le chantage ? Que vaut celui d'une personne en position de faiblesse ou sous influence ?

Sur le plan juridique, on parle alors de vice de consentement. « Il n'y a point de consentement valable si le consentement n'a été donné que par erreur, ou s'il a été extorqué par violence ou surpris par dol. » Tel est le principe énoncé par l'article 1109 du code civil. On considère ainsi que la victime n'a pas décidé de son sort, et que, bien qu'elle ait adhéré à l'argumentaire du manipulateur, elle n'en a pas pour autant choisi les conséquences. Cependant il n'est pas évident de démontrer un vice de consentement et les différentes cours de justice ne s'accordent pas toujours pour les reconnaître :

Mme C. a porté plainte pour agressions sexuelles et viols commis par le directeur d'une maison de quartier, M. P., retraité de la SNCF de soixante ans, alors qu'elle était animatrice et qu'elle avait entre dix-sept et dix-neuf ans.

Après une plainte et une instruction qui ont abouti à une ordonnance de non-lieu, la chambre de l'instruction de Metz a pris le contre-pied de cette première décision et ordonné, contre les réquisitions du procureur général, la mise en accusation de M. P. devant la cour d'assises de Moselle.

Cette ordonnance fait une part importante à la question du consentement de la victime. En effet les magistrats ont considéré que « la grande différence d'âge existant entre eux, leur différence de personnalité et d'expérience de vie, une situation pouvant faire apparaître Mme C. sous la dépendance économique et professionnelle de M. P., le tout pouvant générer une totale emprise psychologique exercée sur Mme C., qui serait alors soumise à une contrainte morale très forte, puisque étant placée dans une situation de fragilité et de faiblesse face à M. P., il apparaît que suffisamment de charges peuvent être réunies qui priveraient les relations sexuelles matérielle-ment établies, ayant existé entre Mme C. et M. P., du réel et libre consentement de la jeune femme, et qui permettent donc de rece-voir la qualification criminelle de viols ».

Ils poursuivent : « L'absence d'opposition, de résistance ou de rébellion face à des manœuvres entreprenantes ne signifie pas nécessairement une adhésion librement consentie à des rapports sexuels : accepter librement, ce n'est pas céder et se soumettre[1]. »

Cela paraissait clair, pourtant la cour d'appel n'a pas suivi.

Comme nous le développerons dans un autre chapitre, l'agression sexuelle est définie par un défaut ou par un vice de consentement car la violence, la contrainte, la menace ou la surprise entravent la liberté, et empêchent l'exercice de la volonté, du consentement.

Cela entre en résonance avec la place donnée au consentement dans les débats contemporains sur la sexualité. À la suite de la demande d'extradition de Julian Assange, fondateur de WikiLeaks, accusé d'agression sexuelle et de viol par la justice suédoise, la polémique s'est répandue dans les médias. « Agression ou pas ? Existe-t-il une "zone grise" où il est difficile de savoir s'il s'agit d'une agression ou simplement d'une mauvaise expérience sexuelle[2] ? » Dans cette affaire, deux jeunes femmes reprochent à Julian Assange de

---

1. D'après la communication de l'AVFT (Association européenne contre les violences faites aux femmes au travail) du 18 janvier 2010.
2. Truc O., *Le Monde*, mardi 8 février 2011.

leur avoir fait l'amour sans préservatif. Dans les deux cas celui-ci nie la moindre agression, disant que la relation était consentie au départ. À partir de là le débat s'est ouvert sur des blogs. Voici par exemple les arguments d'une femme, la bloggeuse Johanna Koljonen : « Un non est un non partout, mais ce qui est intéressant, ce sont les situations où nous aurions voulu dire non mais où nous avons laissé faire, parce qu'on est amoureux, timide, reconnaissant, impressionné, bourré ou trop fatigué pour discuter. » Et voici celui d'un homme, Göran Rudling, témoin en faveur d'Assange : « Un homme ne peut pas comprendre un non qui n'a jamais été dit. »

Qu'en est-il du consentement des dominés ? « Les dominés se soumettent-ils parce qu'ils accordent une légitimité à la domination, parce qu'ils savent que leur intérêt réside dans une soumission prudente ou parce qu'ils sont soumis par la force[1] ? » Dans son petit livre *Du consentement*[2], Geneviève Fraisse nous signale qu'en 2000 furent signés à Palerme la *Convention des Nations unies contre la criminalité transnationale organisée* et son *Protocole visant à prévenir, réprimer et punir la traite*

---

1. Coste F., Costey P., Tangy L., « Consentir : domination, consentement et déni » , *Tracés. Revue de sciences humaines* (en ligne), 14 2008, 26 janvier 2009.
2. Fraisse G., *Du consentement, op. cit.*

des personnes, en particulier des femmes et des enfants.
Les textes affirment que, en cas de traite, le consentement d'une personne est – en anglais – « *irrelevant* », c'est-à-dire sans pertinence. Sur un plan pratique cela signifie que la justice ne tient pas compte du consentement d'une femme à se prostituer si celle-ci est prise dans un circuit de traite.

Des féministes ont analysé plus en détail l'« aliénation féminine ». Dans un article intitulé « Quand céder n'est pas consentir[1] », l'anthropologue Nicole-Claude Mathieu raconte l'histoire de Mme Duclos que son mari, fort jaloux, enfermait chaque soir dans un coffre. Lors du procès, en 1982, la victime assura qu'elle couchait dans ce coffre depuis deux ans de son plein gré, sans que son époux l'eût ni menacée ni frappée : « En me prêtant à ce manège, je prouve à mon mari que je ne sors pas la nuit », précisa-t-elle.

Face à des partenaires à la personnalité paranoïaque, il vaut mieux effectivement filer doux et même anticiper leurs désirs, comme nous le montrerons plus loin.

La victime consentante

Qu'est-ce qu'une victime consentante ? Est-ce un être dominé ou quelqu'un pris dans une

---

1. Mathieu N.-C., *L'Arraisonnement des sexes,* Éd. EHESS, 1985.

stratégie de survie ? La soumission apparente des femmes à leur conjoint violent ne doit pas être considérée uniquement comme un symptôme : c'est aussi une stratégie d'adaptation et de survie[1]. Il existe des servitudes tactiques destinées à préserver sa survie :

Natascha Kampusch a été enlevée en mars 1998 à l'âge de dix ans sur le chemin de l'école. Elle a vécu enfermée dans une cave pendant huit ans et demi, subissant les violences physiques et psychologiques de Wolfgang Priklopil. Elle a réussi à s'échapper le 23 août 2006.

Après sa libération, la jeune fille est restée mesurée dans ses déclarations concernant son ravisseur. Faut-il l'attribuer au syndrome de Stockholm ?

Dans le livre qu'elle a publié en 2010, elle déclara avoir toujours su quand il valait mieux céder à son ravisseur « malade » et quand, au contraire, elle pouvait lui résister. « Par ces méthodes, le ravisseur me maintenait en état de faiblesse et faisait de moi une captive à la fois dépendante et reconnaissante [du peu de nourriture qu'il lui donnait][2]. »

Lorsqu'on parle d'un consentement libre, il ne s'agit pas seulement de la liberté qui procède de

---

1. Hirigoyen M.-F., *Femmes sous emprises*, Oh ! éditions, 2005.
2. Kampusch N., *3096 jours*, Lattès, 2010.

l'absence de toute pression extérieure, mais aussi de celle qui correspond à une maîtrise de soi et de ses sentiments. Sommes-nous toujours rationnels dans les choix que nous faisons, sommes-nous bien informés sur leur portée, indemnes de toute pression ? Soyons clairs, une décision n'est jamais prise en parfaite connaissance de cause. Nous sommes conditionnés par notre histoire, influencés par nos émotions et par des éléments liés à la situation elle-même. Tout ce qui relève de notre histoire personnelle, qui fait que notre inconscient nous porte parfois à des résolutions contraires à notre intérêt conscient, compte également. Lorsqu'on juge un acte ou une décision, bien des détails du contexte qui les entourent restent inconnus. Or un juge ne se prononce pas sur la signification que peut avoir le consentement de l'acte mais seulement sur son caractère licite ou illicite.

Le don

Sur le plan juridique, l'abus de faiblesse se fonde sur l'importance des dons, mise en rapport avec la capacité financière de la victime.

En cas de dispositions testamentaires douteuses (par exemple, une personne favorisant un étranger au détriment de sa famille), ou en cas de libéralités financières, il n'est pas toujours évident de trancher. La personne âgée a pu être en conflit avec une branche de sa famille ou avoir eu un coup de cœur pour un tiers dont elle se sentait proche. Il ne s'agit pas pour autant d'une pathologie. Ce n'est pas parce qu'une personne commence à souffrir de la maladie d'Alzheimer et qu'elle fait des cadeaux à ceux qui s'occupent d'elle qu'il faut en conclure qu'elle est victime d'un abus de faiblesse. Les troubles, surtout au début de la pathologie, sont fluctuants dans le temps : ils peuvent entraîner des troubles de la mémoire mais pas du jugement.

Lorsque des largesses paraissent outrancières, comment établir que ces « cadeaux » ne soient pas le fait d'un acte librement consenti ? Comment mesurer, à distance du don, le degré de vulnérabilité du sujet ? Comment savoir si cette éventuelle fragilité l'a poussé à des décisions qu'il n'aurait pas prises dans un état normal ?

La plupart des personnes âgées gèrent leur argent de façon raisonnable ; elles en gardent suffisamment pour bien vivre, tout en aidant enfants et petits-enfants à s'installer dans la vie. D'autres préfèrent amasser argent et biens matériels tant qu'ils sont vivants, ou bien choisissent de donner à des associations, des organisations humanitaires. Certains, enfin – et ils sont libres de le faire –, choisissent de tout dépenser. Un magistrat ne peut juger qu'en droit, ce n'est pas à lui d'apprécier la moralité d'un individu.

Un don peut être également un piège pour rendre l'autre redevable. C'est ainsi que des commerçants ou des gourous de secte font de petits cadeaux pour obtenir en contrepartie une requête ou un acte important. Quand quelqu'un a fait quelque chose pour nous, nous cultivons un sentiment de dette. Dans son *Essai sur le don*[1], Marcel Mauss, sans nier qu'un don implique le plus souvent une volonté ou une liberté, mettait en lumière le caractère obligataire de tout don, lui attribuant ainsi le statut d'un fait social. Certains manipulateurs savent en jouer et s'arrangent pour entretenir une relation de dépendance avec l'autre. La règle sociale implicite est la suivante : une personne qui donne à un autre s'attend à recevoir quelque chose en retour ; ainsi, on peut délibérément donner à autrui avec l'intention de demander un service ultérieurement.

Quand un soignant ou un proche s'est bien occupé d'une personne âgée ou en a donné l'impression, cette dernière peut se sentir redevable et faire un don ou un legs qui semblera disproportionné par rapport au service rendu. Afin d'éviter tout litige, les associations recommandent ainsi aux professionnels au service des personnes âgées de ne jamais accepter de cadeau trop important.

La valeur d'un don tient à la quantité d'argent qu'il permet d'acquérir, mais c'est aussi une valeur

---

1. Mauss M., *Essai sur le don. Forme et raison de l'échange dans les sociétés archaïques*, 1925, PUF, 2007.

d'échange dans la relation elle-même. Celle des présents reçus est impossible à fixer car elle est fonction de ce qui se joue d'affectif entre les deux protagonistes. Même si leur échange, vu de l'extérieur, paraît profondément inégalitaire, qui peut juger de ce qui se passe réellement entre eux ? Quel est le prix de l'amour ou de l'amitié ? Face à une personne âgée qui distribue son argent à quelqu'un d'autre que ses enfants, la question est immédiate : « En échange de quoi ? » Effectivement, certaines personnes âgées ou handicapées achètent très clairement du lien, et transforment la relation en transaction économique, mais où commence l'abus ? Si une grand-mère se montre particulièrement généreuse avec ses petits-enfants, est-ce uniquement par amour, n'est-ce pas aussi une demande de plus d'attention ?

Imaginons un homme âgé qui dilapide son argent avec des jeunes femmes qui profitent de lui et ne le respectent pas. Que dire s'il affirme : « Je fais cela parce que j'en ai envie » ? Ses enfants sont choqués, inquiets pour lui, craignent qu'il se retrouve sans rien et le lui disent. Il réplique qu'il a le droit d'être déraisonnable, que c'est sa liberté. C'est pour lui comme un bras d'honneur à la génération suivante. Il pourrait ajouter « Laissez-moi tranquille, je suis en fin de vie, j'ai le droit de conjurer comme je veux ma peur de la mort. »

La situation la plus difficile est celle où une personne se dit en possession de tous ses moyens et donc libre de donner son argent à qui bon lui semble, alors qu'elle paraît être sous l'emprise d'un proche. Qui des deux est alors abusif : celui qui « profite » ou celui qui « dénonce » ?

Une plainte pour abus de faiblesse a été déposée par l'ex-femme de Jean-Paul Belmondo, soixante-dix-sept ans, contre la compagne actuelle de celui-ci, Barbara Gandolfi, trente-trois ans, ex-modèle de *Playboy*.

Cela a commencé par une enquête du parquet de Bruges qui s'intéressait à des flux financiers suspects sur les comptes des sociétés de l'ex-mari de la jeune femme, Frédéric Vanderwilt. Ils la soupçonnaient d'avoir utilisé Jean-Paul Belmondo dans le cadre d'une possible évasion fiscale, mais aussi de se livrer à la prostitution. L'année suivante ils se sont penchés sur un prêt de 200 000 euros que l'acteur lui aurait consenti et au rachat pour 700 000 euros de sa maison, qui appartenait aussi à son ancien mari.

Dans les écoutes téléphoniques réalisées par les forces de l'ordre, on pouvait entendre Barbara Gandolfi dire à Fréderic Vanderwilt : « Combien ça rapporterait de se faire un Belmondo par an ? » Il semblerait également qu'elle ait menti sur son emploi du temps : « Non, Jean-Paul ne se doute pas du tout que je ne suis pas à Dubaï. »

Entendu comme témoin à Paris à la demande de la justice belge, Jean-Paul Belmondo a pu écouter ces enregistrements téléphoniques. Il aurait d'abord souhaité porter plainte contre sa compagne, mais après en avoir discuté avec elle, il s'est finalement retourné contre les enquêteurs, envisageant même de poursuivre la police. Son avocat a transmis de sa part un message aux journalistes : « Je vais bien. J'ai toute ma tête. [...] Je demande que l'on respecte ma vie privée. »

Ce qui dérange dans cette affaire, c'est que Barbara Gandolfi vit toujours avec son ex-mari et deux autres femmes. À des journalistes du *JDD* qui sont allés l'interviewer à Ostende, elle précise : « Entre Belmondo et moi, c'est une relation non conventionnelle, nous avons chacun notre vie. Je suis très attachée à lui, mais ce n'est pas de l'amour. » Et Fréderic Vanderwilt se défend : « Parce que les policiers ne peuvent pas me coincer d'un point de vue légal, ils tentent de me démolir en s'attaquant à ma vie privée. [...] Ce que je fais, c'est de l'évasion fiscale, et en Belgique, ce n'est pas un délit. » La jeune femme ajoute : « Ce qui dérange c'est le style de vie de Frédéric ; la villa, les belles voitures, et surtout le fait qu'il vive ici avec trois femmes. »

Est-ce que ce mode de vie constitue un préjudice pour quelqu'un d'autre que pour l'administration fiscale belge ?

Natty, l'ex-femme de l'acteur et mère de sa fille de six ans, y voit un abus de faiblesse et considère qu'« il y a le devoir des proches d'intervenir ». On peut effectivement estimer que Jean-Paul Belmondo est vulnérable depuis son accident vasculaire cérébral en 2001. Mais il s'est battu pour récupérer, marcher et parler quasi normalement, sans hésiter d'ailleurs à se montrer dans cet état de fragilité dans un film de Francis Huster[1]. Au festival de Cannes 2011, enfin, on l'a vu en pleine possession de ses moyens intellectuels.

Alors qu'y a-t-il à dire si le fait de dépenser son argent avec cette femme lui permet d'aller bien et de continuer à aller de l'avant ?

Les motivations de son ex-femme sont-elles si claires ? « Si j'ai toujours considéré Natty comme une bonne mère, déclare Jean-Paul Belmondo, je constate qu'elle n'a jamais accepté la présence de Barbara à mes côtés. »

La confiance

La confiance est ce qui pousse quelqu'un à s'en remettre à autrui dans une situation spécifique ou pour tous les actes de la vie courante. Cela entraîne

---

1. *Un homme et son chien.* Film de Francis Huster, avec Jean-Paul Belmondo, Hafsia Herzi, Julika Jenkins.

une relation asymétrique acceptée, comme celle qui prévaut entre un parent et un enfant.

Sylvie a rencontré Xavier quand elle avait dix-neuf ans et ils sont restés mariés vingt ans. Elle décide de demander le divorce quand elle découvre que son mari la trompe ou plus exactement l'a toujours trompée. Ce n'est pas tout. Il lui a menti aussi sur sa situation professionnelle, sur l'argent qu'il sortait des comptes communs, et même sur sa famille :

« Pendant dix-sept ans j'ai été bien dans cette relation et n'ai rien vu de sa double vie, même pas vu qu'il faisait uniquement ce qu'il voulait et qu'il se déchargeait de toutes les corvées sur moi. Bien sûr, je souffrais de ses humiliations et de ses critiques systématiques, mais, s'il soufflait le chaud et le froid en permanence, je dois dire que le chaud me nourrissait.

Si je n'ai pas découvert les tromperies plus tôt, c'est qu'inconsciemment je ne voulais pas les voir car je ne voulais pas remettre en question notre vie de famille. Par exemple, quand j'ai consulté un gynéco avec lui à la suite d'une fausse couche et que le médecin a annoncé que c'était à cause d'une MST, que forcément l'un des deux avait une relation extérieure, mon mari a dit que c'était faux, je l'ai cru et nous avons changé de médecin.

43

Face à lui j'étais aveuglée par la confiance. Nous avons les mêmes origines et pour moi c'était comme une garantie. Mes parents étaient des personnes admirables. La vie de famille que j'avais construite ne pouvait pas être moins bien que leur vie à eux. En fait j'ai aimé un fantôme, j'ai imaginé cet homme autrement que ce qu'il était, et lui a aimé que je lui renvoie cette image-là. C'est ce qui a fait notre couple. »

On inspire confiance davantage par son attitude, c'est-à-dire par quelque chose qui peut être construit, que par ses réelles compétences. D'ailleurs, un grand journal de management titrait récemment : « L'art d'inspirer confiance : les techniques pour renforcer son charisme, se forger une réputation exemplaire et susciter l'adhésion ».

Des chercheurs se sont intéressés aux bases neurobiologiques du sentiment de confiance. Kosfeld et ses collaborateurs de l'Institut de recherches empiriques en économie de Zurich ont demandé à des étudiants de se livrer à un jeu économique. Face à des « gérants de fonds » qui leur proposaient des placements financiers, les étudiants devaient se mettre dans la position d'investisseurs, leur rémunération dépendant de ces investissements[1]. Avant le début du jeu, ils étaient répartis en deux groupes

---

1. R. G. Kosfeld M, et al., *Nature*, 2005, juin 2 ; 673, 676.

et recevaient un spray nasal soit d'ocytocine soit de placebo[1]. L'étude a mis en évidence des investissements plus élevés dans le groupe ocytocine que dans le groupe placebo, ce qui correspond à une plus grande confiance dans le banquier.

Provoquer un élan amoureux ou un élan de sympathie constitue une manœuvre efficace pour que quelqu'un accorde aveuglément sa confiance. Voyons cela plus en détail.

2. DE L'INFLUENCE À LA MANIPULATION

> « Le charlatanisme est né le jour où le premier fripon a rencontré le premier imbécile. »
>
> Voltaire

Pour obtenir quelque chose de quelqu'un, plusieurs techniques s'offrent à nous. On peut essayer de le convaincre ouvertement en recourant à des arguments logiques et rationnels. On peut tenter de le persuader, et on mêlera alors arguments

---

1. L'ocytocine est un petit peptide secrété par l'hypothalamus agissant à la fois comme hormone et comme neuromodulateur. Il a été montré que l'ocytocine est impliquée dans les attachements sociaux : lien mère-enfant après l'accouchement, liens entre mâle et femelle après l'acte sexuel, mais aussi dans la passion amoureuse.

logiques et éléments affectifs. On peut également chercher à l'influencer ou le manipuler pour l'amener à changer son point de vue, apparemment en toute liberté. Enfin, on peut utiliser des moyens plus violents comme l'intimidation ou la force, mais dans ce cas l'abus est plus évident.

Les spécialistes en psychologie sociale ou en communication ont étudié les différents facteurs qui permettent d'obtenir un consentement à un acte ou une adhésion à une idée. Ils cherchaient à comprendre comment des sujets ne présentant pas *a priori* de vulnérabilité particulière pouvaient prendre des décisions apparemment déraisonnables ou illogiques. Ils en ont conclu qu'un homme « normal » est naturellement vulnérable à l'influence et à la manipulation, surtout s'il se targue de pouvoir tenir promesses et résolutions. Pourtant on entend souvent dire que telle ou telle personne, trop faible, est influençable. Essayons de comprendre.

Convaincre ou persuader

Convaincre est différent de persuader. S'il s'agit dans les deux cas d'emporter l'adhésion de quelqu'un, le chemin qui y conduit n'est pas le même.

Convaincre, c'est faire admettre à autrui une façon de penser ou de se conduire à l'aide d'explications rationnelles. Cela oblige à développer des efforts d'argumentation ou de démonstration, et nécessite du temps et de l'attention à l'interlocuteur, conscient qu'on essaie de le convaincre. Ces efforts étant explicites, ils sont généralement bien acceptés car ils s'adressent à la raison et non à l'inconscient, même s'ils peuvent se fonder sur des arguments fallacieux.

Persuader, c'est provoquer un changement dans la volonté d'autrui par des arguments logiques mais aussi par une action sur l'affectivité, par la séduction ou la flatterie. Dans ce cas, l'interlocuteur participe activement au processus car celui qui cherche à persuader l'autre adapte son discours à sa sensibilité et aussi à sa vulnérabilité.

La persuasion est un art comportant une part d'improvisation très importante qu'il n'est pas possible d'étudier dans des manuels. Certaines personnes sont naturellement douées pour persuader les autres. Elles ont un charisme inné ou une aisance pour la communication.

Une persuasion efficace résulte d'un équilibre subtil entre la crédibilité attribuée à la source du discours, le type d'arguments énoncés et leur coloration émotionnelle.

La persuasion qui est perçue comme une attribution externe (« un autre me pousse vers... ») est une tactique moins efficace que celle qui donnera l'impression d'une motivation interne (« j'ai choisi librement de... »).

La séduction

Le terme « séduction » vient du latin « *se ducere* » signifiant « séparer », « amener à l'écart ». Dans son acception moderne, séduire signifie charmer, fasciner de façon irrésistible, mais aussi jeter un sort, prendre l'ascendant sur l'autre.

Séduire se dit en outre d'une action visant à susciter l'admiration, l'attirance ou l'amour d'une ou de plusieurs autres personnes pour soi, et, par extension, corrompre l'innocence d'une jeune fille, c'est-à-dire l'abuser, la tromper. La séduction constitue ainsi une étape préliminaire à toute relation amoureuse.

Dans la Grèce antique, on pensait que la clef de la séduction ne résidait pas dans l'émetteur mais dans le récepteur, car séduire, c'est s'adapter à l'autre, lui dire ce qu'il faut au moment voulu. Effectivement, un séducteur n'atteint son but que dans la mesure où il incarne un désir latent chez l'autre et vient combler un vide en lui.

Gloria rencontre un homme chez des amis et est immédiatement séduite. Huit jours après il la demande en mariage, insiste ; elle accepte.

Elle est très amoureuse et les trois années qui ont suivi les noces ont été parfaites. Avec lui il n'y avait pas de routine, c'était en permanence de l'imprévu. « Ce qui m'a plu au début du mariage est ce qui m'a déplu par la suite : il était inconséquent, imprévisible, ne se remettant jamais en question. »

À leur première sortie, il lui a montré une liasse de billets « pour leur soirée ». Elle a appris plus tard que c'était son salaire du mois.

Peu après le mariage, il l'a convaincue de quitter son travail pour partir avec lui vivre une vie plus « vraie », près de la nature. Là-bas, elle avait un emploi fixe tandis que lui était en intérim car il voulait garder un espace pour ses loisirs. En fait, elle travaillait beaucoup, et lui très peu. Elle n'avait aucun loisir, et lui beaucoup. Les choses se sont aggravées lorsqu'ils ont été rattrapés par les impôts. Gloria découvre brutalement que son mari avait, depuis plusieurs années, dépensé intégralement l'argent destiné au Trésor public. À partir de là, elle doit cumuler deux emplois car son salaire est presque entièrement saisi.

Mais elle ne s'est jamais plainte, n'a jamais éprouvé de colère. Elle l'aimait follement et espérait que les choses s'arrangeraient. Lorsqu'elle doutait de l'avenir de leur couple face à ses mensonges, il savait lui dire ce qui lui permettait d'y croire encore. Son travail l'épuisait tant que, privée de capacité de réaction, elle finissait toujours par s'en remettre à lui. Son entourage la mettait en garde, la prévenait qu'elle était trop gentille, qu'elle devait se méfier.

La séduction n'est possible qu'en tenant compte de l'autre. Baudrillard le résumait ainsi : « La personne séduisante est celle où l'être séduit se retrouve. »

L'influence

L'influence n'est pas toujours un phénomène négatif, c'est un phénomène psychosocial normal qui existe dans toutes les relations interpersonnelles. Le rapport à autrui est fait de liens réciproques ; nous recevons l'influence d'autrui mais habituellement nous pouvons répondre et contre-influencer en retour, chacun étant à la fois source et cible de l'influence.

L'influence n'est pas la manipulation. Elle est même source d'enrichissement, instrument de l'innovation. Les annonceurs ne s'y trompent pas qui courtisent les « influenceurs » du Web, ces jeunes qui recommandent un site ou une tendance à travers les réseaux sociaux. L'influence ne devient problématique qu'entre les mains de personnes mal intentionnées qui cherchent à assujettir l'autre. En sorcellerie, est possédé celui qui est sous l'influence d'un esprit agissant à l'intérieur de sa personne.

Toute la difficulté consiste à percevoir la limite entre une influence normale et une influence abusive. On peut repérer intuitivement qu'une influence n'est pas bonne, qu'il y a abus, mais la plupart du temps, on ne fait pas suffisamment confiance à sa première impression, et plus tard on le regrette.

L'induction de comportement

En 1889, dans son livre *L'Automatisme psychologique*[1], Pierre Janet, éminent psychologue et philosophe français, a fait une étude très détaillée des phénomènes de suggestion et de la suggestibilité. Selon lui, tous les hommes agissent les uns sur les autres et les relations sociales ne consistent guère qu'en actions et réactions réciproques, accompagnées d'un consentement volontaire ou d'une acceptation plus ou moins résignée dont on a conscience. Cependant, le consentement disparaît complètement et est même inutile en cas de suggestion.

Selon lui la suggestion est rendue possible par une *faiblesse psychique* momentanée, liée à un état de distraction exagéré, par exemple lorsque l'esprit est fortement attentif à autre chose. Il y a alors rétrécissement du champ de la conscience. Quand une suggestion réussit, les idées suggérées repoussent les idées contraires. Il y a alors disparition de tout esprit critique.

---

1. Janet P., *L'Automatisme psychologique*, L'Harmattan, 2005 pour la réédition.

Sur une scène un magicien fait venir un spectateur qui jure intérieurement qu'il sera vigilant et ne se laissera pas duper. L'artiste blague avec lui, lui pose brièvement la main sur le bras puis opère des tours avec une pièce de monnaie, agitant ses bras. Quand au bout d'un moment, disant qu'il est temps de passer aux choses sérieuses, le magicien demande l'heure, l'homme se rend compte qu'il a été délesté de sa montre.

Comment le magicien a-t-il fait ? Pour mieux subtiliser ce que l'homme avait dans ses poches, il l'a distrait, a trompé son cerveau en faisant de grands gestes. Il a créé ainsi une illusion cognitive affectant son attention, sa mémoire et sa conscience.

La manipulation

Au départ de toute manipulation il y a un mensonge.

Le manipulateur vise, par une relation mensongère, à obtenir de l'autre un comportement qui n'aurait pas été le sien spontanément.

Les chercheurs en psychologie sociale sont formels, les meilleures stratégies ne font pas appel à la contrainte car la manipulation est plus efficace que la violence directe. Ils ont constaté également que si la persuasion peut réussir à changer les mentalités, elle ne change pas les actes. La manipulation au contraire provoque le consentement de l'autre sans établir de pression et sans faire l'effort de le convaincre. C'est une voie rapide qui escamote l'argumentation et qui vise à obtenir un consentement automatique. La personne manipulée ne se doute de rien, n'a pas conscience d'être influencée et, même, la plupart du temps, a un sentiment de liberté.

La manipulation fait partie de la vie, elle existe chez les animaux. Chez les humains, toutes les manipulations ne constituent pas des violences morales et certaines sont positives. L'objectif peut être noble : stimuler un étudiant, motiver un subordonné ou aider un patient… La manipulation est présente également dans toute séduction amoureuse, et on l'accepte alors en toute connaissance de cause car cela fait partie du jeu de la rencontre. On verra qu'il en est autrement dans le harcèlement sexuel.

Nous subissons tous les jours de petits actes de manipulation plus ou moins dommageables. C'est le vendeur qui nous fait acheter un article un peu défraîchi, le banquier qui nous vend un placement sans risque, etc. Entre mauvaise foi ou mensonge délibéré, on est furieux, honteux, et, au bout du compte, on devient de plus en plus méfiant – ce qui ne nous empêchera pas de nous faire arnaquer à nouveau.

Il existe des manipulations anodines, banales, quotidiennes, qui entraînent une soumission sans pression. L'exemple souvent présenté par les psychosociologues est la personne qui dans une gare demande à quelqu'un : « Pouvez-vous me garder ma valise le temps que j'aille aux toilettes ? » Il est difficile de refuser.

Selon le degré de liberté laissé à l'interlocuteur, ces manipulations pourront ou pas être considérées comme des violences morales. Ce qui fait la différence, c'est l'intentionnalité. Dans la mesure où cette action ne s'impose pas par la force mais par la persuasion, elle n'est pas forcément perçue d'emblée comme violente, l'abus n'apparaît qu'*a posteriori.*

L'efficacité d'une manipulation dépend moins de la prédisposition de la personne ciblée que de l'habileté du manipulateur, et, même si les bons manipulateurs agissent « à l'instinct », il est possible de décrypter les procédés qu'ils utilisent pour entraîner une véritable paralysie de la volonté, un engourdissement de la conscience chez le sujet visé.

Pour manipuler quelqu'un il faut d'abord le séduire, établir avec lui un courant de sympathie et placer la relation sur un mode « intime » fondé sur un sentiment de confiance. On neutralise ainsi sa lucidité et on amoindrit ses résistances. Une des victimes de Philippe, que nous décrirons dans la troisième partie de ce livre, parlait *d'abus de sympathie*.

Les grands manipulateurs, s'ils maîtrisent la manipulation cognitive, excellent surtout dans la manipulation des affects. Ils savent par intuition percevoir les aspirations de la personne ciblée, ses réticences, ses identifications. Ils entrent alors en résonance avec ce qu'ils ont perçu d'elle, et, comme des caméléons, se rendent conformes à ce qui peut convenir à l'autre pour établir un lien empathique. Ils adaptent d'instinct leur discours à celui de leurs interlocuteurs, de façon à revêtir une identité qui plaira. Ils repèrent ses normes pour établir l'échange sur un mode qui correspondra à ses aspirations.

Dans son livre *Abus de faiblesse*[1], Catherine Breillat raconte comment elle a rencontré Christophe Rocancourt et comment elle s'est fait escroquer tout son patrimoine.

Quand elle le rencontre, elle sait qui il est. Il se vante de s'être fait passer pour un héritier Rockefeller, pour le fils de Dino de Laurentiis, de Sophia Loren, d'avoir raflé 35 millions de dollars pour lesquels il a écopé de cinq ans de prison, d'avoir vécu d'autres vies que la sienne.

---

1. Breillat C., *Abus de faiblesse*, Fayard, 2009.

Il se dit un as de la finance, un boxeur, un champion de formule 1, etc. Après des années d'escroqueries et une douzaine d'années passées en prison, il s'est arrangé pour transformer les faits divers en légende et s'est forgé à travers les interviews dans les médias une image de brillant escroc repenti.

Christophe Rocancourt a su que Catherine Breillat cherchait un « bad boy » pour le film qu'elle voulait réaliser. Il a vite compris que cela correspondait aussi chez elle à un intérêt personnel et a su en jouer.

Nous en reparlerons un peu plus tard.

Les techniques de manipulation du comportement ont été bien étudiées par les spécialistes de la communication et les chercheurs en psychologie sociale, en particulier aux États-Unis. En France, Robert-Vincent Joule et Jean-Léon Beauvois ont tenté d'en faire la synthèse dans un livre sans cesse réédité, *Petit Traité de manipulation à l'usage des honnêtes gens*[1]. La critique qui est souvent faite aux techniques de manipulation est d'ordre moral parce que ces dernières impliquent l'inconscience de la cible. Toutefois, ces méthodes ne créent rien de toute pièce car elles s'appuient sur les tendances naturelles des individus.

---

1. Joule R-V et Beauvois J-L, *Petit Traité de manipulation à l'usage des honnêtes gens*, Presses universitaires de Grenoble, 1987.

Un certain nombre de ces techniques d'engagement, on pourrait dire de manipulation, commencent à être bien connues, car, maintenant qu'elles ont été étudiées et dévoilées, elles se retrouvent dans tous les manuels destinés aux managers et aux vendeurs. L'un d'eux arborait même le slogan : « Soyez celui qui persuade, ne soyez pas celui qu'on manipule ! » Certes un bon vendeur fait cela d'instinct et n'a pas besoin d'étudier toutes ces techniques dans les livres, mais les connaître peut constituer un plus dans sa vie professionnelle. Lorsqu'une personne intègre ces lois de fonctionnement, la probabilité d'induire effectivement le comportement voulu augmenterait de 10 à 20 %.

Redisons-le, les résultats positifs obtenus sont liés à la manipulation et non à la personnalité des individus visés.

Les recherches montrent plusieurs choses. D'abord, qu'il faut tenir compte du fait qu'une personne cultivée ne peut pas l'être dans tous les domaines de sa vie. Par exemple, on peut être un éminent médecin et se faire berner par son réparateur de machine à laver. Par ailleurs, un même message persuasif est reçu différemment selon l'intérêt que l'on porte au sujet. Deux voies distinctes de traitement de l'information sont mobilisées en fonction du type de situation. Un sujet qui intéresse particulièrement une personne sera traité par la voie centrale, tandis que les sujets concernant des domaines ou peu familiers ou éveillant l'émotionnel seront traités par une voie périphérique pauvre en analyse[1].

Prenons l'exemple d'un informaticien qui va acheter un nouvel ordinateur. Le vendeur devra lui proposer des arguments solides, car son client les analysera et les comparera avec d'autres, sans se laisser impressionner par le « baratin ».

Ce même informaticien qui a très mal au dos à force d'être devant son écran va vouloir changer de fauteuil. Même si cela ne s'appuie sur aucun argument raisonnable, il se laissera séduire par celui qui lui paraîtra le plus ergonomique, quel que soit le prix, ou bien par celui que le vendeur aura présenté comme étant une bonne affaire.

Lorsqu'on veut obtenir de quelqu'un qu'il modifie ses idées ou ses comportements, plutôt que de mettre en œuvre une technique fondée sur la persuasion, il est plus efficace d'opter pour une stratégie comportementale. Celle-ci consiste en l'obtention d'attitudes ou d'actes préparatoires à ce changement. Même s'ils paraissent dérisoires, ces derniers engagent celui qui les émet, rendant ainsi

---

1. Casalfiore S., Séminaire du 20 novembre 2003 de SOS sectes à Bruxelles, *La soumission librement consentie*.

plus probable la réalisation du comportement attendu.

Un employé qui désire modifier ses jours de congés peut négocier avec un collègue en argumentant : « Ma femme ne peut avoir ses vacances qu'à cette date, mais pour les vacances suivantes, je te laisse choisir. » Il peut aussi piéger l'autre en lui demandant d'abord peu, par exemple de décaler d'un jour ou deux ses dates de vacances, pour finalement inverser complètement le planning des congés.

Voici quelques exemples de techniques de persuasion :

La technique du pied dans la porte

En obtenant l'accord d'une personne à une petite requête qu'on lui soumet, on a de fortes chances de la voir accepter ensuite une requête plus importante.

Si on commence par demander l'heure à quelqu'un avant de lui demander un peu d'argent pour prendre le bus, la probabilité d'obtenir de l'argent sera beaucoup plus grande que si aucune requête préparatoire n'avait été formulée.

Le doigt dans l'engrenage

Au nom du principe de cohérence, une personne peut se trouver prise dans un processus d'escalade : son engagement demandera de plus en plus d'investissement et s'avérera de plus en plus coûteux. Nous n'agissons pas en effet pour respecter nos convictions : nous modifions au contraire nos opinions afin de justifier *a posteriori* nos comportements.

À partir du moment où elle a prêté de l'argent à Christophe Rocancourt, Catherine Breillat n'a plus pu revenir en arrière. Il y a eu une escalade dans l'engagement. Bien sûr, Christophe Rocancourt n'avait pas étudié ces méthodes, il agissait ainsi instinctivement et c'est en cela qu'il était redoutable.

Que ce soit dans un couple bancal ou à la tête d'une entreprise, l'engagement peut conduire à une escalade en radicalisant des comportements problématiques.

Technique de l'amorçage

Partant du principe que les gens ont du mal à revenir sur une décision qu'ils ont prise, on amène un sujet à choisir de réaliser un acte dont on lui cache provisoirement le coût réel. On lui annonce ensuite la réalité de la situation avec ses inconvénients et ses contraintes. L'interlocuteur se sent alors obligé de maintenir sa réponse.

Des étudiants sont invités à participer à une brève expérience de psychologie. Beaucoup acceptent. Par la suite, on les avertit que cette expérience aura lieu à sept heures du matin et on les invite à confirmer ou retirer leur engagement.

Les étudiants sollicités une première fois ont accepté en bien plus grand nombre que ceux à qui on avait dit d'emblée que l'expérience aurait lieu si tôt.

Le piège est la volonté des individus intelligents d'être cohérents car ils réagissent de manière à justifier leurs décisions antérieures.

Le leurre

Il s'agit de conduire un sujet à prendre une décision qui finalement ne se concrétisera pas. Cela engendre une déception, surtout si la première proposition était intéressante. On présente alors une alternative, certes moins intéressante, mais dont le rôle sera de réduire cette frustration.

Voici une manœuvre très couramment utilisée dans les magasins en période de soldes : l'article présenté à 50 % de réduction n'est plus disponible dans votre taille mais on vous propose un article similaire qui lui n'est pas soldé.

La technique de la porte dans le nez

Le but de cette technique est d'obtenir un refus à une première demande pour obtenir un accord à ce qui est ensuite la vraie requête.

Un bénévole d'une association caritative arrête une personne dans la rue et lui demande de participer à toute une journée d'action en faveur de son association. Quand la personne refuse, on lui propose d'acheter le porte-clefs de l'association pour une somme modeste.

Cette méthode table sur la norme de la réciprocité. Comme le demandeur semble avoir fait une concession en modifiant sa requête, son interlocuteur aura plus de mal à lui refuser quelque chose qui paraît anodin.

Arrêtons-nous là dans la description des techniques de manipulation que l'on trouve désormais dans de nombreux manuels destinés aux commerciaux et aux managers. Ces techniques ne sont que des outils, qui peuvent être utilisés de façon plus ou moins honnête.

L'emprise

La mise sous emprise marque une nouvelle étape. Contrairement à la manipulation qui peut être ponctuelle, l'emprise s'installe dans le temps au point de créer une véritable relation pathologique.

La relation d'emprise est un phénomène naturel relativement courant qui peut advenir dans tout rapport humain dès qu'il existe une interaction entre deux ou plusieurs individus ou groupes d'individus. Elle peut s'exercer dans le couple, dans les familles, les institutions mais aussi dans les sectes ou au travers d'un pouvoir, par le biais de la propagande.

Étymologiquement, le terme « emprise » dérive de la contraction du verbe latin « *impredere* » qui signifie « saisir » physiquement ou par l'esprit. À partir du XIXᵉ siècle, il désigne en droit administratif une prise de possession régulière ou irrégulière. Par extension, le terme désigne actuellement l'ascendant intellectuel ou moral exercé sur un individu ou un groupe.

L'emprise se caractérise en effet par l'influence psychique d'un instigateur sur sa victime, à son insu (celle-ci ne perçoit ni les manœuvres ni les intentions de l'abuseur). Exercer une emprise sur un enfant, nous le verrons, est encore plus facile mais aussi beaucoup plus destructeur que sur un adulte. Si la personne prend conscience que l'autre la domine ou cherche à la contrôler, c'est que son esprit critique est encore suffisamment réactif : il n'y a donc pas d'emprise. Mais comment repérer avec certitude ces phénomènes ? La difficulté tient en ce qu'un individu sous emprise affirmera avoir accepté la situation de manière totalement volontaire, ne pas être soumis à qui que ce soit.

L'emprise n'est pas toujours un phénomène négatif. Toute la difficulté consiste à repérer le moment où une relation devient abusive. Dans les premiers temps d'une relation amoureuse, par exemple, on peut souhaiter se donner entièrement à l'être aimé au point de se dissoudre complètement en lui, d'y perdre son individualité. Dans toute relation passionnelle se mettent en œuvre des rapports de dépendance qui n'ont cependant rien de pathologique. Mais il arrive parfois que la relation se poursuive dans une asymétrie relationnelle telle que l'un des partenaires se retrouve dans une grande dépendance par rapport à l'autre. Dans ce cas, comme je l'avais analysé dans un livre précédent[1], le masque de la passion amoureuse peut dissimuler la mise sous emprise d'un conjoint sur son/sa partenaire afin de l'amener non seulement à se soumettre et à accepter de la violence, mais aussi à

---

1. Hirigoyen M.-F., *Femmes sous emprises, op. cit.*

devenir une victime obéissante allant jusqu'à protéger son abuseur.

Sur le plan psychanalytique, le terme de pulsion d'emprise a été utilisé pour la première fois en 1905 par Freud dans ses *Trois Essais sur la théorie sexuelle* pour décrire une pulsion de domination par la force, à différencier de toute énergie sexuelle.

Roger Dorey a repris ce concept et l'a développé afin de décrire la « relation d'emprise » (1981). Il y distingue trois dimensions principales : une action d'appropriation par dépossession de l'autre, une action de domination où l'autre est maintenu dans un état de soumission et de dépendance, une empreinte sur l'autre qui est marqué physiquement et psychiquement. Selon lui, l'emprise vise avant tout à neutraliser le désir d'autrui, à réduire ou annuler son altérité, ses différences, pour le ramener au statut d'objet totalement assimilable. Dans ce cas, pour reprendre l'expression de Léonard Shengold parlant des enfants abusés sexuellement, « leur âme devient esclave de l'autre[1] ».

Une emprise ne s'impose pas immédiatement mais se met en place progressivement à travers plusieurs étapes qui concourent à sidérer les défenses de la victime.

---

1. Shengold L. *Meurtre d'âmes. Le destin des enfants maltraités*, Calmann-Lévy, 1998.

REPÉRER LA VULNÉRABILITÉ DE LA CIBLE

Pour une personne âgée, la vulnérabilité consistera en de petits troubles cognitifs qui l'empêcheront de percevoir tous les éléments d'une situation, ou bien ce sera un sentiment de solitude si la famille est éloignée ou que la mort l'angoisse. Pour un jeune, ce pourra être un conflit familial ou une quête de sens. Pour un autre, des carences infantiles ayant engendré une base de sécurité défaillante et un besoin d'attachement fusionnel. Toutes ces vulnérabilités individuelles constituent des failles par lesquelles un manipulateur cherchera à s'infiltrer.

SÉDUIRE LA CIBLE

Le manipulateur séduit la personne avec un discours enjôleur, des promesses incroyables, il la flatte, lui donne l'illusion qu'elle est unique, ou bien lui fait croire à un amour absolu. En ce qui concerne les sectes, on parle de *love bombing* (bombardement d'amour). La séduction n'est alors pas réciproque mais narcissique, destinée à fasciner et donc à paralyser l'autre.

En juillet 2009, un psychiatre de Bergerac comparaissait pour le viol de quatre patientes qui l'accusaient d'avoir profité de leur vulnérabilité. Toutes affirmaient avoir été placées dans un état de disponibilité particulière grâce à des séances d'hypnose ou à la lecture de contes allégoriques. Aucune ne parle de véritable contrainte de la part de ce psychiatre, mais toutes ont éprouvé après-coup le sentiment d'avoir été manipulées. Selon un des experts qui a examiné l'accusé et ses plaignantes, « ces personnes n'ont pas opposé de refus mais elles n'ont pas non plus donné leur consentement ». Pour expliquer l'emprise de ce médecin sur ses patientes, les experts ont réfuté l'hypnose qui n'entraîne pas de relation de dépendance, mais ont estimé que l'accusé a détourné à son avantage le lien transférentiel, lien qui s'instaure entre un psychothérapeute et son patient.

Que disent ces femmes ? Pour l'une, la rencontre avec le psychiatre a été « quelque chose d'immense ». Une autre a évoqué « un ravissement ». « J'étais l'élue, cet homme s'intéressait à moi. » Une autre jeune femme citée comme témoin déclare : « J'aimais le sauveur que j'avais devant moi. Je trouvais extraordinaire qu'un médecin comme lui s'intéresse à moi. »

D'autres témoins, tout en venant à la barre apporter soutien et sympathie à leur psychiatre, ont confirmé son immense pouvoir sur les autres. « C'est mon coach, je lui dois tout » ou bien : « J'étais fascinée par son intelligence et sa gentillesse. »

ISOLER LA CIBLE

Il s'agit de séparer la personne ciblée de son entourage et de ses amis afin de mieux la contrôler.

ALIÉNER

Cela se fait en plusieurs étapes.

Cela commence par une étape d'*effraction*. Le manipulateur fait intrusion dans le territoire intime de sa cible. Il se rend indispensable par de petits services, anticipe les désirs de la personne. C'est la méthode la plus utilisée pour les abuseurs de personnes âgées. Ou bien il impose sa présence de façon permanente. Nous verrons dans le chapitre sur le harcèlement sexuel comment un individu peut mettre la pression sur quelqu'un pour lui imposer une communication ou un échange dont il ne veut pas, comment ce harcèlement réussit à épuiser la victime qui finit par céder et accepter « malgré elle ».

S'ensuit une étape de *captation* pendant laquelle l'abuseur cherche à s'approprier le psychisme de l'autre avant, parfois, de s'approprier ses biens.

– Par le regard.

Les personnes ciblées décrivent un regard chargé de sous-entendus, malsain, inquiétant, mais elles ont souvent du mal à le traduire avec des mots. Les victimes de harcèlement sexuel ou les enfants victimes d'abus sexuel savent bien qu'ils ont été captés par le regard intrusif de leur abuseur : « J'étais gêné(e) par son regard qui me mettait mal à l'aise. Je perdais alors tous mes moyens et je devenais incapable de résister », disent souvent les victimes.

– Par le toucher.
Le toucher est une technique de manipulation mystérieuse car il n'existe pas d'explications satisfaisantes qui permettent de comprendre son efficacité.

Nicolas Guégen, de l'université de Vannes, a demandé à des étudiants de préparer un exercice puis, ce qui est stressant, de venir le corriger au tableau devant tout le monde. Il passait auparavant de table en table en leur effleurant ou non le bras comme par hasard. 29,4 % des étudiants touchés ont été volontaires pour aller au tableau contre 11,5 % des étudiants non touchés.

Mais le toucher est aussi constitué de gestes ambigus ou déplaisants, dont le sous-entendu sexuel est dénié verbalement par l'abuseur.

– Par le langage.
La captation peut aussi se faire par une communication biaisée avec des messages délibérément flous et imprécis, truffés de mensonges ou dans le registre paradoxal. Cela a pour effet de mettre la personne ciblée dans la confusion, de la faire douter de ses pensées et de ses affects. On peut ainsi

instiller chez elle une réalité faussée ou une interprétation de la réalité qui prend alors valeur de fait.

Dans la préface qu'il a écrite pour l'édition
française du livre d'Harold Searles *L'Effort
pour rendre l'autre fou*[1], Pierre Fédida parle
d'une de ses patientes :
« C'étaient déjà d'interminables discours sur
ce qu'elle devait penser, vouloir, aimer, rejeter.
Elle se sentait rivée sur place, harponnée par
ce que son père lui disait d'elle-même. Dou-
tant de ce qu'elle trouvait en elle à éprouver,
incertaine de ses objets de pensée et de ses
goûts, elle se raccrochait finalement aux raisons du père auquel elle échappait seulement
par des actes impulsifs qui finissaient par la
ramener, coupable, au discours. "Mon père
m'a rendue folle. Il ne me quitte pas de la
pensée et j'en viens à faire, contre mon gré,
des choses qu'il m'a prédites." [...] »

PROGRAMMER

Il faut ensuite installer cette relation dans la
durée. La personne sous emprise est comme fascinée, et, sans s'en rendre compte, perd peu à peu
son identité. Elle vit la relation dans une sorte d'état

---

1. Searles Harold, *L'Effort pour rendre l'autre fou*, Gallimard, Folio
Essais, 1977.

second, de rétrécissement de la conscience, perd tout état critique, ce qui permet chez elle la coexistence paradoxale d'un non-consentement et d'une acceptation. C'est ce que le psychiatre Racamier avait appelé « le décervelage ». Manœuvrée par la volonté du manipulateur, infiltrée par sa pensée, elle agit d'une façon qui ne lui correspond pas, peut être amenée à dire des choses qu'elle va regretter par la suite, prendre des décisions contraires à ses intérêts ou adhérer à des opinions qu'elle n'approuve pas.

MENACER

Si la personne résiste et que la séduction ne suffit pas, il reste la menace. Une des jeunes femmes séduites par le psychiatre de Bergerac a expliqué qu'elle ne s'était pas portée partie civile plus tôt parce que ce médecin qui travaillait à la PJJ (protection judiciaire de la jeunesse) l'avait menacée de lui faire enlever ses enfants.

Dans son livre, Catherine Breillat parle aussi des menaces que Rocancourt était capable de proférer. Avec plusieurs de ses autres victimes, il s'était montré d'ailleurs très clair : « Si vous me dénoncez, je vous mets chacune à dessécher dans un coffre de bagnole et ça se terminera avec une balle entre les yeux[1]. » L'agresseur de

---

1. Breillat C., *Abus de faiblesse*, Fayard, 2009.

la victime de harcèlement sexuel dont je parlerai plus avant disait pour sa part régulièrement : « Si tu portes plainte, je te bute. »

3. LES TEXTES JURIDIQUES

Sur le plan juridique le mot « abus » se réfère à l'usage excessif d'un droit ayant porté atteinte à ceux d'autrui.

L'article L.223-15-2 du code pénal et les articles L-122-0 et suivants du code de la consommation définissent l'abus de faiblesse en ces termes :

« Est puni de trois ans d'emprisonnement et de 375 000 euros d'amende l'abus frauduleux de l'état d'ignorance ou de la situation de faiblesse soit d'un mineur, soit d'une personne dont la particulière vulnérabilité, due à son âge, à une maladie, à une infirmité, à une déficience physique ou psychique ou à un état de grossesse, est apparente ou connue de son auteur, soit d'une personne en état de sujétion psychologique ou physique résultant de l'exercice de pressions graves ou réitérées ou de techniques propres à altérer son jugement, pour conduire ce mineur ou cette personne à un acte ou une abstention qui lui sont gravement préjudiciables. »

Pour que l'infraction d'abus de faiblesse soit constituée, il faut donc que soient caractérisés :

– la vulnérabilité de la victime, en raison de son âge, d'un problème de santé ou en conséquence d'une manipulation mentale (nous y reviendrons),

– la connaissance de cette vulnérabilité par la personne poursuivie. L'abus de faiblesse est une infraction intentionnelle, commise en toute connaissance de cause. Ce n'est pas une imprudence ou une négligence,

– le grave préjudice causé par cet acte à la victime. En cas de plainte pour abus de faiblesse, le juge aura pour tâche de déterminer quels montants dépensés peuvent lui être « gravement préjudiciables ». Si une personne disposant de faibles revenus est poussée à en donner la moitié, le préjudice est grave, tandis que si la personne ciblée est milliardaire comme Liliane Bettencourt, la limite du préjudice est plus difficile à fixer.

La loi protège donc :

– les mineurs,

– les majeurs vulnérables, personnes âgées ou déficientes physiquement ou moralement,

– les personnes en état de sujétion psychologique.

Pour ces victimes potentielles, le préjudice n'est pas nécessairement matériel, une atteinte morale peut être reconnue.

L'abus de faiblesse est un délit complexe qui comporte une double atteinte à la personne :

– une atteinte au patrimoine, puisqu'on profite de la situation pour appauvrir la victime,

– une atteinte à sa liberté de décision et d'action, puisqu'on lui fait accomplir un acte qu'elle n'aurait pas réalisé si elle avait été en état de résister.

Il s'agit, par cette loi, de protéger les personnes qui se trouvent temporairement ou définitivement en état de vulnérabilité, de ceux qui voudraient abuser d'eux et / ou les dépouiller.

Le code de la consommation

Initialement, le délit d'abus de faiblesse a été conçu comme une infraction contre les biens, et sanctionné par le code de la consommation comme une escroquerie (article L-123-8 du code de la consommation). Il tendait à réprimer le consentement imposé par des méthodes de vente abusives visant des personnes vulnérables. Des pratiques commerciales frauduleuses permettent en effet de pousser un consommateur à souscrire un contrat (souvent lors d'un démarchage à domicile) en abusant de sa situation de faiblesse ou d'ignorance : âge avancé, état de santé fragile, mauvaise compréhension de la langue française.

L'abus de faiblesse peut concerner des cas de vulnérabilité momentanée du consommateur, compte tenu des circonstances (par exemple dans une situation d'urgence comme une fuite d'eau ou une perte de clefs), ou bien une vulnérabilité de personnes qui, en raison des ruses ou stratagèmes utilisés pour les persuader, ne sont pas en mesure d'apprécier la portée des engagements qu'elles prennent. C'est par exemple une vieille dame qui appelle un électricien pour une panne toute simple et à qui on fait signer une réfection totale de son installation, ou bien une personne âgée qui, mélangeant un peu les euros et les francs, se retrouve à payer quelques milliers d'euros un dépannage de plomberie.

Pour que l'abus soit sanctionnable, il faut que l'engagement ait été obtenu en visite à domicile, par un démarchage par téléphone, fax, e-mail, par une invitation à se rendre sur un lieu de vente, assortie d'avantages tels que des cadeaux.

La pratique commerciale agressive, telle que la définit le code de la consommation, consiste à solliciter de façon répétée et insistante le consommateur ou à recourir à une contrainte physique ou morale afin d'altérer sa liberté de choix et d'obtenir son consentement. Il s'agit en quelque sorte d'une forme de harcèlement moral.

Si les pratiques d'escroquerie sont punies par la loi, c'est qu'elles poussent les techniques de communication et de persuasion à un point d'abus de confiance. Cependant, la limite est souvent ténue entre des agissements frauduleux et des pratiques seulement déplaisantes et non répréhensibles.

Nous avons vu que les spécialistes de la communication connaissent bien les techniques qui permettent d'obtenir un consentement et comment ces dernières sont désormais utilisées couramment par les vendeurs.

L'abus de confiance ne concerne pas que les personnes vulnérables, même si celles-ci sont visées au premier plan. Cela consiste à détourner, au préjudice d'autrui, des fonds, des valeurs ou un bien quelconque que l'on a remis à l'abuseur et qu'il a acceptés à charge de les rendre, de les représenter ou d'en faire un usage déterminé.

L'abus de confiance est puni de trois ans d'emprisonnement et de 375 000 euros d'amende.

Les peines sont portées à sept ans d'emprisonnement et à 750 000 euros d'amende lorsque l'abus nuit à un individu dont la particulière vulnérabilité, due à son âge, à une maladie, à une infirmité, à une déficience physique ou psychique ou à un état de grossesse, est apparente ou connue de son auteur.

L'escroquerie est punie de cinq ans de prison et 375 000 euros d'amende, le vol simple par ruse de sept ans, l'usage d'une fausse qualité attachée à une mission de service public de dix ans.

Le code de la consommation punit de façon spécifique des abus commis « au moyen de visites à domicile » : cinq ans de prison et 9 000 euros d'amende.

La sujétion psychologique

L'abus de faiblesse a d'abord été classé parmi les crimes et délits contre les biens. Il constitue maintenant une infraction contre les personnes (art. 313-4 du code pénal). Il a en effet été modifié par la loi du 12 juin 2001 dans le but de renforcer la lutte contre les groupes considérés comme sectaires.

Cette loi dite About-Picard « tend à renforcer la prévention et la répression des mouvements sectaires, portant atteinte aux Droits de l'homme et aux libertés fondamentales ». Elle a été mise en place dans un contexte où divers mouvements sectaires avaient amené leurs membres à commettre crimes et / ou délits (morts de membres de l'ordre du Temple solaire en 1994 et 1995, attentat au gaz sarin dans le métro de Tokyo en 1995).

Les modifications de la loi proviennent de ce que les juges se trouvaient parfois dans l'impossibilité de trouver une qualification pénale pour sanctionner certains comportements inacceptables concernant des adultes. Les poursuites engagées, notamment par des victimes de sectes, se soldaient par un classement sans suite, faute d'avoir pu démontrer que les adeptes, la plupart majeurs et volontaires, étaient en position de vulnérabilité.

Lorsque dans les années 1970 des associations de défense des victimes de sectes se sont créées, elles ont dû, pour défendre d'ex-adeptes, expliquer en quoi consistait la vulnérabilité des sujets. Il leur a fallu définir ce qu'était une secte et décrire les procédés de manipulation mentale. C'est dans ce contexte qu'est née l'idée de créer un délit spécifique de manipulation mentale. La proposition de loi déposée en juin 2000 définissait cette dernière comme le fait, « au sein d'un groupement qui poursuit des activités ayant pour but ou pour effet de créer ou d'exploiter la dépendance psychologique ou psychique des personnes qui participent à ces activités, d'exercer sur l'une d'entre elles des pressions graves et réitérées ou d'utiliser des techniques propres à altérer son jugement afin de la conduire, contre son gré ou non, à un acte ou une abstention qui lui est gravement préjudiciable ».

Ce projet a suscité un vif émoi dans les groupes sectaires, bien sûr, mais aussi dans les communautés religieuses reconnues et chez les psychiatres, car il apparaissait comme une atteinte à la liberté de conscience et d'association. Ce délit aurait été difficile à établir car il introduit de l'arbitraire.

La parade fut de compléter le texte sur l'abus de faiblesse. Le code pénal permet désormais d'appliquer l'article 223-15-2 concernant l'abus de faiblesse aux victimes de sectes : « Lorsque l'infraction est commise par le dirigeant de fait ou de droit d'un groupement qui poursuit des activités ayant pour but ou pour effet de créer, de maintenir ou d'exploiter la sujétion psychologique ou physique des personnes qui participent à ces activités, les peines sont portées à cinq ans d'emprisonnement et à 750 000 euros d'amende. »

Mais le texte va au-delà de la protection des biens des personnes âgées, nous l'avons vu. Il vise trois catégories de victimes : les mineurs, les personnes vulnérables et celles en « état de sujétion psycho-logique ou psychique », résultant de l'exercice de pressions graves ou réitérées, ou de techniques propres à altérer son jugement (c'est-à-dire la mani-pulation mentale et la mise sous emprise). Il n'en reste pas moins qu'il est très difficile de prouver des pressions psychiques et des manipulations men-tales car la justice ne s'attache qu'aux faits. Elle s'appuie donc sur des expertises médicales, des preuves ou des témoignages. Mais ces derniers sont forcément subjectifs, chacun envisageant différem-ment la notion de consentement.

Les juges ne pouvant asseoir leur décision que sur des constatations médicales, les psychiatres sont fréquemment sollicités dans les conflits familiaux pour délivrer un certificat constatant l'incapacité d'une personne âgée, la souffrance d'un enfant qui serait liée à la dangerosité de l'autre parent, etc.

CHAPITRE II

LES PERSONNES VISÉES

1. LES PERSONNES VULNÉRABLES, ÂGÉES OU HANDICAPÉES

Alors que la loi sur l'abus de faiblesse est peu utilisée dans le cas des sectes, 95 % des plaintes pour abus de faiblesse concernent des personnes âgées, essentiellement pour captation d'héritage.

Au cours de la dernière décennie, des faits de maltraitance physique, psychique ou financière sur personnes âgées ont été plus souvent dénoncés et sanctionnés, mais cela constitue sans doute la partie émergée de l'iceberg. La France compte aujourd'hui environ 3 millions de personnes ayant plus de 80 ans et d'ici à 2040, le chiffre s'élèverait à plus ou moins 7 millions. Cette population croissante de personnes âgées, qui présentent un risque de voir leurs facultés mentales diminuées par de petits troubles cognitifs ou de petits handicaps, qu'elles puissent vivre seules ou qu'elles soient placées en maison de retraite, constitue une cible idéale pour des individus malveillants. L'État se doit de les protéger.

Le code pénal ne mentionne pas seulement les atteintes au patrimoine, mais aussi les actes qui visent l'intégrité physique ou psychique des victimes, et par là même leur dignité.

Les abus financiers

Les personnes âgées vulnérables peuvent subir différentes sortes d'escroqueries perpétrées par des commerçants, artisans, aidants et autres individus extérieurs, ou même par leur famille.

La difficulté à les protéger vient de ce que les troubles cognitifs majeurs ainsi que les troubles du jugement liés à une maladie d'Alzheimer ou aux démences vasculaires n'apparaissent pas d'un coup. Plusieurs années peuvent s'écouler entre les premiers petits oublis de faits récents et la démence sénile. Pendant cette progression, le sujet conscient de ses troubles va chercher à les dissimuler. C'est alors que le risque d'abus de faiblesse est le plus grand mais aussi qu'il sera le plus ardu de le faire reconnaître juridiquement. Parce qu'elle va bien la plupart du temps, la victime refusera de se faire assister et encore moins d'être mise sous tutelle ou sous curatelle. Les manipulateurs et les escrocs, eux, sauront repérer les moments de plus grande vulné-rabilité de la personne fragilisée ou, à défaut, sau-ront la manipuler en utilisant les méthodes dont j'ai parlé précédemment.

Les escrocs et prédateurs

Les escroqueries peuvent être l'œuvre de vérita-bles prédateurs organisés. Dans ce cas, ce sont d'authentiques stratégies d'attaque, des dons extor-qués, des mariages arrangés, ou des logements occupés sans droit ni titre.

Une Dieppoise de quatre-vingt-cinq ans a raconté aux journaux une arnaque dont elle a été victime et qui lui a fait perdre beaucoup d'argent.

Un matin, elle reçoit un coup de téléphone d'un homme qui se présente comme étant commissaire de police. Il lui annonce que son fils vient d'écraser une petite fille arabe sur un passage clouté et que la famille de celle-ci réclame 3 000 euros pour pouvoir enterrer l'enfant dans son pays, sous peine de s'en prendre au chauffard. Quand elle raccroche, la vieille dame est bouleversée. Quelques minutes après, elle reçoit un autre coup de téléphone

soi-disant de son fils qui, en larmes, lui crie :
« maman, sauve-moi ! »

Paniquée, en état second, la vieille dame se
rend à la banque et retire ses économies.

Sur le chemin du retour, une voiture s'arrête
à sa hauteur. La conductrice lui propose de
la déposer. La vieille dame s'étonne que la
conductrice la connaisse, mais celle-ci lui
explique qu'elle est une amie de son fils qu'elle
appelle par son prénom. La vieille dame,
épuisée par l'émotion, monte dans la voiture.

En chemin, la conductrice suggère à la
vieille dame de s'arrêter à la pharmacie pour
prendre des médicaments pour son fils et
garde, le temps de la course, ses sacs avec
l'enveloppe.

Quand la vieille dame sort, la voiture n'est
plus là. Elle attend en vain.

Elle se rend alors à pied au commissariat où
elle apprend que d'autres personnes vulnérables ont été victimes de la même arnaque en
Basse-Normandie.

Les escrocs avaient suivi leur victime au
préalable et savaient qu'elle vivait seule. Ils
connaissaient son adresse, son numéro de téléphone et le prénom de son fils.

On parle également de vol par ruse ou délit de
fausse qualité : l'escroc se fait passer pour un personnage rassurant, policier, agent EDF, facteur,

afin de lever la méfiance de l'autre et de se faire ouvrir la porte. Souvent les escrocs agissent à deux : le premier parle avec la personne d'un supposé problème et pendant ce temps, le second fouille la maison.

Les commerçants et artisans

Les arnaques aux personnes âgées étaient autrefois plutôt la spécialité des escrocs, faux plombiers ou artisans sans qualifications. Aujourd'hui, celles-ci sont très fréquemment contactées par des commerciaux de sociétés ayant pignon sur rue, et qui cherchent à leur vendre, à crédit, des produits dont elles n'ont pas forcément besoin (une pompe à chaleur, des volets roulants, etc.), ou qui leur mettent la pression afin qu'elles signent des contrats de rénovation de leur habitat.

Il existe aussi des arnaques à la vente qui s'appuient sur les changements technologiques ou réglementaires, par exemple la nouvelle obligation d'équiper son logement d'un détecteur de fumée. Alors que ces appareils sont disponibles à partir de 15 euros et fonctionnent sur piles, des démarcheurs vendent des appareils chers nécessitant un crédit à des personnes âgées qui n'ont pas les ressources psychologiques pour résister.

Des « conseillers en clientèle » de banque vendront des placements miracles à long terme et les personnes verront ainsi leur argent bloqué inutilement. Ou des artisans imposeront des prestations inutiles et réaliseront des travaux de manière très sommaire à un tarif exorbitant.

M. X âgé de quatre-vingt-deux ans vit seul dans un petit pavillon de banlieue et reçoit la visite d'un commercial accompagné de deux ouvriers. Ils disent venir pour effectuer la rénovation de l'électricité dans sa maison. M. X ne se souvient pas d'avoir signé un tel contrat, mais le commercial insiste, assure au vieux monsieur qu'il s'est engagé, que s'il ne le fait pas il aura des pénalités et recevra la visite d'un huissier qui saisira ses meubles. Le ton monte et M. X se sent incapable de résister. Il finit par signer un engagement sur trente-six mensualités.

Les sectes

Ces escroqueries peuvent relever aussi de mouvements sectaires. La Miviludes (Mission interministérielle de vigilance et de lutte contre les dérives sectaires) a alerté à plusieurs reprises les pouvoirs publics sur la mainmise grandissante des sectes sur le grand âge. Elles peuvent sévir au domicile des personnes âgées ou dans les maisons de retraite, soit directement auprès du résident, soit en manipulant les soignants. Elles se présentent comme auxiliaires bénévoles appartenant à une association, parfois comme thérapeutes promettant guérison ou mieux-être. Ces activités, peu encadrées, constituent une porte d'entrée rêvée pour les sectes, qui visent avant tout la captation d'héritage. Nous y reviendrons dans un chapitre ultérieur.

Les aidants et faux amis

Lorsqu'une personne âgée ou affaiblie par une maladie est isolée géographiquement de sa famille, il peut arriver qu'un entourage avide et sans scrupules cherche à s'enrichir sur son dos ou même à la dépouiller de ses biens. L'objectif consiste à obtenir des chèques, des donations ou à se retrouver légataire universel.

Les coupables sont le plus souvent des individus qui se sont immiscés dans la vie de la personne âgée, que ce soit à son domicile ou dans un établissement spécialisé, et qui se sont rendus indispensables par leur présence ou leurs petits services. Cela va de la femme de ménage, du garde-malade ou de soi-disant amis qui vont s'imposer progressivement à des gens jouissant d'une position d'autorité tels un médecin, un notaire ou un avocat. Une personne âgée s'attache à ceux qui l'entourent, et, pour les en récompenser commencera par faire de petits cadeaux (de l'argent, puis un bijou ou un chèque), et plus tard un plus gros chèque, pour un remboursement d'emprunt, par exemple. L'abuseur justifiera sa demande en pointant l'absence de la famille, ou, si des parents viennent voir régulièrement la personne âgée, il tentera de les écarter en les disqualifiant : « Ils ne font pas beaucoup d'efforts pour venir vous voir ! », « Vous ne pouvez pas compter sur eux ! »

Les auteurs d'abus profitent de l'isolement du sujet pour mettre en place une emprise affective qui le poussera à les défendre. En cas de plainte, ces derniers se protégeront en arguant du consentement de la personne lésée : « Je ne l'ai pas forcé(e), il / elle voulait me faire plaisir ! »

De soi-disant amis peuvent aussi, lorsqu'ils vont rendre visite à quelqu'un qui souffre de petits troubles mnésiques, comme dans la maladie d'Alzheimer, profiter d'une de ses siestes ou d'un moment de fatigue pour s'emparer d'objets de valeur. Il leur suffira ensuite de dire que cet objet n'était plus là depuis longtemps.

En cas de suspicion d'abus de faiblesse, ce sont habituellement les proches qui réagissent en premier. Ils constatent que leur parent n'échange plus avec eux, ne leur fait plus confiance, et ne tarit plus d'éloges sur une personne étrangère. Ils ne le reconnaissent plus. Comment savoir s'il s'agit d'un processus lié au vieillissement ou à une tentative d'emprise d'un individu peu scrupuleux ?

Quand la famille a l'impression qu'un parent âgé se montre anormalement généreux avec un étranger ou bien que de l'argent ou des objets disparaissent, elle tente dans un premier temps d'alerter la personne vulnérable et de la mettre en garde, lui demandant de réviser son jugement ou ses choix. Mais ce sera en vain si la personne est déjà sous emprise. Cette étape de négociation peut durer longtemps, souvent plusieurs années, pendant lesquelles les proches voient leur parent se faire manipuler et arnaquer sans pouvoir le protéger.

Si l'emprise se poursuit, la personne manipulée risque fort de rejeter sa famille : « S'ils me mettent en garde, ce n'est pas pour mon bien comme ils le disent, mais c'est parce qu'ils en veulent à mon héritage ! », ou bien : « Je suis libre, de quel droit veulent-ils régenter ma vie ! », « Comment, ma famille me considère comme gâteux ! », ou encore : « Ils sont avides, ils lorgnent mon héritage ! » Ces réflexions sont d'autant moins surprenantes que l'on constate de petits traits paranoïaques avec idées de préjudice matériel assez fréquemment chez les personnes âgées.

En janvier 2007, quatre notables bordelais sont interpellés. Ils sont accusés d'abus de faiblesse sur personne vulnérable, d'abus de confiance et d'association de malfaiteurs. Ils étaient soupçonnés d'avoir voulu spolier entre 2004 et 2007 Jeanine Terrasson, une octogénaire atteinte de la maladie d'Alzheimer.

Cette vieille dame, veuve et sans enfant, n'ayant pour héritiers que deux neveux avec lesquels elle ne s'entendait pas, était propriétaire de plusieurs maisons et appartements, détenait des comptes en Suisse et possédait une collection d'objets d'art évalués à plusieurs millions d'euros.

C'est son tuteur qui s'est d'abord inquiété de la disparition de meubles et d'objets d'art chez la vieille dame. Les prévenus se présentaient comme les bienfaiteurs de Jeanine Terrasson, prétendant la protéger du pillage de ses biens par son entourage. Pourtant, en avril 2005, la voyante Nicole Dumont était devenue en deux mois légataire universelle de la vieille dame qui présentait déjà des signes identifiés de maladie d'Alzheimer.

Trois années de prison ferme ont été requises contre deux des quatre notables et des peines avec sursis contre les deux autres. Dans cette affaire, il semble que la voyante était une manipulatrice qui avait une forte emprise sur ses co-inculpés.

Mais la plupart du temps les familles découvrent que le défunt a favorisé un « étranger » seulement à l'ouverture du testament. La famille de Charles Trenet a ainsi contesté le testament dans lequel le chanteur léguait tous ses biens à son secrétaire particulier.

La famille et les proches

À côté de ces maltraitances financières qui proviennent de tiers, il ne faut pas oublier les manipulations des membres de la famille car ce sont les plus nombreuses. Cela commence par des visites monnayées : « Quand je vais venir te voir, est-ce que tu pourras me faire un chèque car j'ai du mal à payer mon loyer ? » puis ce sont des abus de procuration, des détournements de pensions de retraite. Ces maltraitances sont souvent cachées : la personne âgée se trouve en effet dans un état de dépendance par rapport à son agresseur et préfère souvent fermer les yeux et être spoliée plutôt que d'être privée des visites de celui ou celle qui constitue parfois son seul lien affectif.

Parfois, aussi, on observe des conflits entre les héritiers qui, avant même le décès du parent âgé, se battent pour obtenir la plus grosse part d'héritage ou même anticiper sur la succession. Entre séduction, manipulation, mensonge, comment s'y retrouver ?

Dans la famille X, le fils cadet, actuellement au chômage et récemment divorcé, s'est installé chez sa mère avec ses enfants et vit à ses crochets. Il a investi la maison, y réalise, en puisant dans les comptes de sa mère, des travaux qui correspondent à ses propres attentes et utilise couramment son chéquier pour ses dépenses personnelles. Les deux sœurs, qui résident loin et travaillent beaucoup, se plaignent de ne plus avoir accès à leur mère. Elles ne peuvent la voir qu'en présence de leur frère.

Leur mère est en très bonne forme physique mais elle a de discrets troubles de mémoire et se perd dans les chiffres concernant les factures qu'elle paie : « Ce n'est pas grave puisque mon fils s'occupe de moi. » Quand ses filles déplorent la place prise par leur frère, la mère se plaint d'avoir des filles aussi mesquines et jalouses. Elle acquiesce à tout ce que dit son fils.

L'une des filles ayant suggéré une curatelle s'est fait pratiquement mettre à la porte par sa mère : « Je ne suis pas folle ! »

Est-ce de la manipulation ? Certainement. Est-ce grave ? Cela dépend du point de vue où on se place. Les filles se sentent lésées. Cela les renvoie à une situation bien plus ancienne où leur mère a toujours voulu un garçon et a très nettement préféré son fils. Celui-ci en a toujours profité, n'a pas fait d'études et a beaucoup compté sur les aides financières maternelles.

On retrouve des situations similaires dans les familles recomposées. Il est en effet fréquent que les enfants du dernier lit, plus proches et plus jeunes, soient nettement favorisés au détriment des premiers enfants.

Au cœur des plaintes pour abus de faiblesse, il existe très souvent un conflit parent-enfant plus ancien. C'est parfois un père ou une mère qui n'a pas su aimer suffisamment un enfant, ou bien un parent qui a très nettement favorisé un fils ou une fille préféré(e), c'est toujours un enfant qui ne s'est pas senti aimé.

À travers l'argent, c'est autre chose qui se règle car, face à la mort, les problématiques infantiles de chacun sont réactivées : « Papa, tu ne t'es jamais occupé de moi parce que tu passais ton temps à gagner de l'argent, maintenant cet argent me revient en dédommagement de l'amour que tu ne m'as pas donné. »

D'autres fois, de futurs héritiers ne supportent pas que leur parent âgé dilapide ce qui leur paraît déjà constituer leur patrimoine. Pourtant, n'est-il pas normal qu'une personne en fin de vie ait envie de réaliser quelques folies avant qu'il ne soit trop tard ?

Comment distinguer un vrai abus de faiblesse d'un conflit ou d'une mésentente familiale ?

Sylvie Uderzo, fille unique du dessinateur, père d'*Astérix* avec le scénariste René Goscinny, a porté plainte contre X, soupçonnant d'abus de faiblesse l'entourage de son père. Selon elle, ils organisent une stratégie d'éloignement et de rupture entre elle et lui.

Blessé par l'initiative de sa fille, Albert Uderzo a exprimé son infinie tristesse, considérant que Sylvie et son mari n'ont pas accepté d'avoir été écartés en 2007 de la direction des éditions Albert-René. « Depuis lors, ils me harcèlent judiciairement en multipliant de vaines procédures à l'encontre de ma femme et de moi-même. »

Ce à quoi la fille réplique : « J'assume cette plainte. Je n'ai jamais dit que mon père était sénile. Je refuse d'attaquer sa personne. Mais il est malade. Il dilapide sa fortune. J'ai un patrimoine qui part chez les autres. Autour de lui ça grouille de gens qui se servent au détriment de mes enfants [...]. Par amour pour mon père qui me prenait pour une conne je n'ai pas fait d'études. Je voulais dessiner. Il m'a dit que je n'avais pas le talent pour. [...] Il répétait qu'il voulait transmettre son œuvre à sa fille et à ses petits-enfants. On a été trompés sur la marchandise[1]. »

La maltraitance

À côté de la maltraitance financière, plus la personne est dépendante, plus grand est le risque de glissement vers le despotisme, la violence verbale et

---

1. *Le Nouvel Observateur*, 9 juin 2011, n° 2431.

psychologique voire la violence physique. Une distinction doit être faite entre les négligences qui ne sont pas intentionnelles et les abus commis volontairement. Parmi les négligences certaines sont actives comme les placements autoritaires, les enfermements, les contentions au lit ou les excès de médicaments pour éviter les errances ; d'autres sont passives comme le manque de soins ou l'abandon.

L'auteur de la maltraitance est le plus souvent un proche, enfant, conjoint, ayant une relation de dépendance financière avec la personne âgée, mais il existe aussi des maltraitances institutionnelles par manque de personnel. Ces mauvais traitements se mettent en place de façon progressive et sont difficiles à dénoncer car la victime peut être affectivement attachée à celui ou celle qui maltraite, surtout s'il s'agit de son enfant. La personne âgée préfère souvent garder le secret car elle a honte du comportement de ceux qu'elle a élevés.

Il n'est pas toujours facile de trouver des solutions qui respectent les choix du sujet et qui ne déséquilibrent pas brutalement son milieu de vie.

Les mesures de protection

Pour protéger les personnes vulnérables, jugées « dans l'impossibilité de pourvoir seules à leurs intérêts » (en raison de l'altération de leurs facultés

mentales ou physiques), il existe plusieurs disposi-
tifs juridiques de protection.

La *sauvegarde de justice* est une mesure de protection juridique provisoire et de courte durée qui
permet la représentation d'une personne majeure
souffrant temporairement d'une incapacité. Cela
peut concerner également des individus qui ont
besoin d'une protection immédiate en attendant la
mise en place d'une tutelle ou curatelle.

La *curatelle* est une mesure judiciaire destinée à
protéger un adulte qui, sans être hors d'état d'agir
lui-même, a besoin d'être conseillé ou contrôlé d'une
manière continue dans les actes importants de la vie
civile. Il existe différents degrés de curatelle :

— la *curatelle simple* : la personne accomplit seule
les actes de gestion courante (dits actes d'administration ou actes conservatoires, par exemple : gérer
son compte bancaire, souscrire une assurance),
mais elle doit être assistée de son curateur pour des
actes plus importants (dits actes de disposition, par
exemple : le curateur doit consentir à un emprunt
et signer le contrat avec la personne).

— la *curatelle aménagée* : le juge peut énumérer,
à tout moment, les actes que la personne peut faire
seule ou non, au cas par cas.

— la *curatelle renforcée* : le curateur perçoit les
ressources de la personne et règle ses dépenses, sur
un compte ouvert au nom de celle-ci.

La *tutelle* est certainement la mesure judiciaire la

plus lourde car la personne perd alors l'exercice de ses droits et est représentée en tout par un tuteur.

Lorsqu'une personne âgée ou vulnérable ne gère plus ses comptes, se trompe dans le nombre de zéros sur les chèques, se montre trop prodigue, son entourage peut faire un signalement au juge des tutelles par une demande écrite, accompagnée d'un certificat médical circonstancié, émis par un médecin inscrit sur une liste établie par le procureur de la République. Le signalement aboutit en premier lieu à une mise sous protection judiciaire, puis le juge des tutelles décide après un entretien avec l'intéressé et au vu des certificats médicaux de la mesure de protection la plus adaptée.

Dans le cas d'une tutelle, le juge désigne un mandataire judiciaire ou tuteur. Si la personne a un seul héritier ou que la famille est unie et s'est mise d'accord, le tuteur peut être un membre de la famille, mais dans la moitié des cas le juge confie cette mission à un mandataire extérieur. Un tuteur a beaucoup de pouvoirs, il prend le chéquier, la carte bleue et l'argent, gère les revenus et les biens du majeur vulnérable, et il lui alloue une somme mensuelle. L'intéressé(e) n'a plus accès à ses comptes et sa famille non plus. Plus rien ne lui appartient, il perd son pouvoir de décision et tous ses droits civiques. En principe la tutelle est limitée à la gestion du patrimoine, mais par ce biais la personne est contrôlée dans tous ses actes de la vie courante et même dans sa vie intime puisqu'elle doit rendre des comptes sur tout. Dans un reportage sur France 3, Arlette Monnier, vieille dame de soixante-dix-neuf ans qui a été placée pendant plusieurs années sous tutelle abusive, résume : « Quand on est sous tutelle, on n'a plus rien qui vous appartient. »

Pour décider d'une tutelle ou d'une curatelle, le juge ne peut asseoir sa décision que sur des constatations médicales. Si la personne à protéger se refuse à tout examen de santé, comme l'a fait à plusieurs reprises Liliane Bettencourt, la procédure devient beaucoup plus compliquée. Il faut alors envoyer un signalement écrit circonstancié au procureur de la République chargé des affaires civiles du lieu de résidence de la supposée victime, lequel peut nommer un médecin inscrit sur une liste d'experts. Si la personne refuse de voir le médecin, ce dernier envoie au procureur un certificat de carence. Dans ce cas, le procureur peut saisir le juge des tutelles avec ledit certificat de carence. Si le juge des tutelles persiste dans son refus, il y a possibilité de faire appel de cette décision. On voit qu'il s'agit d'une procédure longue et contraignante, pendant laquelle l'état de la personne âgée se dégrade.

En principe, le mandataire judiciaire doit présenter ses comptes tous les ans au juge des tutelles. Mais c'est matériellement impossible, d'une part parce que les juges des tutelles ne sont pas des comptables et d'autre part parce qu'ils sont en nombre insuffisant.

La protection des personnes vulnérables a été renforcée par la loi du 5 mars 2007 entrée en vigueur en janvier 2009. Désormais le protégé doit être consulté sur les décisions relatives à sa personne et son mode de vie, une obligation est faite aux juges des tutelles de reconsidérer les mesures judiciaires tous les cinq ans, et un contrôle des comptes plus fréquent est prévu afin de repérer des mouvements de fonds douteux ou des dépenses suspectes. Malheureusement une pénurie de moyens, un manque de personnel chronique font que des abus sont régulièrement signalés. S'il existe des tuteurs qui remplissent leur mission avec beaucoup de respect de la personne protégée, il demeure des abus de pouvoir, des malversations, des spoliations. Dans son rapport du 9 février 2011, Jean-Paul Delevoye, ancien médiateur de la République, parle de maltraitance financière de la part de certains mandataires judiciaires.

Sans aller jusqu'à la spoliation, de trop nombreux tuteurs n'ont aucune attention pour leurs protégés et se contentent d'une gestion uniquement comptable et en aucun cas humaine. Ils ne prennent pas en considération leurs souhaits de vie ou les contraignent à vivre avec le minimum d'argent de poche, même s'ils possèdent des biens.

Jeanne, quatre-vingt-deux ans, ancienne chercheuse, touche une bonne retraite et est propriétaire de son appartement, mais n'a aucune famille proche. À la suite d'une chute, elle est hospitalisée, et pendant son séjour présente un état confusionnel qui révèle un état dépressif latent. Une mesure de protection est demandée et le juge des tutelles nomme une tutrice appartenant à une association.

Malheureusement, Jeanne n'est pas l'unique protégée de cette tutrice qui n'a pris le temps de rencontrer Jeanne qu'une seule fois à l'hôpital. Elle la place dans une maison de retraite sans lui demander son avis, et lui restreint son train de vie. Désormais, le peu d'argent qui lui est alloué mensuellement l'empêche de maintenir ses abonnements aux différentes revues scientifiques qui lui permettaient de freiner son déclin cognitif. Elle ne peut plus faire de petits cadeaux aux amis et enfants de ses amis, ce qui était sa façon d'entretenir des liens.

Jeanne n'ayant pas d'héritier direct, quel mal y aurait-il eu à la laisser dépenser son argent à sa guise ? Pourquoi faudrait-il qu'une femme qui ne la connaissait pas il y a encore six mois décide de la façon dont elle doit vivre ?

On le voit, placer quelqu'un sous tutelle est une mesure grave. Les saisines abusives constituent une atteinte à la liberté individuelle et à la dignité de la personne. Le seul motif valable pour un placement sous tutelle est l'altération des facultés mentales ou physiques, et certainement pas un mode de vie atypique ou même dérangeant.

Prenons l'exemple du syndrome de Diogène. Il s'agit d'un trouble du comportement d'une personne âgée, l'amenant à vivre dans un grand isolement social, parfois en reclus, négligeant son hygiène corporelle et accumulant des objets hétéroclites et des déchets. À quel moment doit-on recourir à une mesure de protection ? Quand un sujet commence à se négliger, à accumuler des vieux journaux et des objets divers ou quand les voisins s'inquiètent des mauvaises odeurs ? On peut penser que, dans un premier temps, un suivi psychosocial et un éventuel traitement psychiatrique pourraient suffire, mais il arrive que des membres de la famille ou des personnes mandatées en profitent pour écarter la personne de son lieu de vie et la spolier de ses biens.

Cela pose encore une fois la question des limites : à quel moment considère-t-on que les facultés mentales d'un individu posent problème ?

L'histoire de Jacques et Ludovic

L'affaire Bettencourt a braqué les projecteurs sur une querelle familiale comme il en existe malheureusement beaucoup d'autres. D'un côté, une mère âgée présentant des troubles cognitifs d'évolution progressive, de l'autre, sa fille voulant la protéger malgré elle. Nous n'analyserons pas cette affaire, bien que les commentaires parus dans les médias l'aient rendue publique. Nous évoquerons plutôt un cas clinique similaire mais plus simple, avec moins d'argent à la clef et moins de répercussions politiques.

Jacques, quatre-vingt-sept ans aujourd'hui, a créé un empire dans le domaine des chaussures de luxe à partir du petit magasin hérité de son père à l'âge de vingt-cinq ans. Il est maintenant propriétaire de nombreux biens mobiliers et immobiliers et on évalue sa fortune à plusieurs dizaines de millions d'euros. Même si son entreprise est devenue un grand groupe international, il est toujours très investi et très actif dans son fonctionnement et se méfie des conseilleurs car il sait que son immense fortune attire les envieux et les cupides.

Marié une première fois, il divorce quelques années après la naissance de Ludovic, son fils unique, dont il s'occupera peu car il se remarie très vite avec une top-modèle sud-américaine qui supporte mal la présence de l'enfant. Jacques ne s'est jamais bien entendu avec son fils, qui n'a pas su charmer un père indifférent.

Par la suite, Jacques reprochera à Ludovic d'être trop casanier, trop timoré et de ne pas s'investir suffisamment dans l'avenir de la société : celui-ci aimerait profiter de tout sans donner suffisamment.

À la suite du décès accidentel de sa femme après trente-cinq ans de mariage, Jacques sombre dans un état dépressif majeur nécessitant une hospitalisation. Il présente peu à peu de petits troubles cognitifs dont on ne sait s'ils sont dus à une persistance de ses troubles de l'humeur ou à un discret accident vasculaire cérébral, qui a été minimisé auprès des actionnaires.

À sa sortie de l'hôpital après un second AVC, il rencontre une ravissante jeune femme, Sylvia, de cinquante ans sa cadette, qui débute une carrière de comédienne. Elle est gaie, cultivée, pleine de vie. Il l'emmène à des vernissages, à l'opéra, au théâtre et reprend goût à la vie. Certes elle est capricieuse et exigeante, lui demande de l'aider à financer l'achat d'un appartement, lui réclame des vêtements de haute couture, des fourrures et des bijoux, et, ne pouvant rien lui refuser, il cède à tous ses désirs et lui fait même une importante donation. Très vite cette femme se rend indispensable, fait venir ses favoris et éloigne ceux qui lui déplaisent.

C'est alors que Ludovic porte plainte pour abus de faiblesse contre Sylvia. Il l'accuse d'avoir profité de la fragilité psychologique de son père pour se faire offrir des cadeaux somptueux, grâce à une emprise psychologique exercée sur lui à mesure que son état de santé déclinait.

Peut-on dire qu'il y a abus de faiblesse au titre de l'article 223-15-2 du code pénal ?

On l'a vu, pour qu'une infraction d'abus de faiblesse soit constituée, il faut que soient caractérisées la vulnérabilité de la victime, la connaissance de cette vulnérabilité par la personne poursuivie et enfin que l'acte soit gravement préjudiciable à la victime.

Un certain nombre de témoignages font état de troubles cognitifs que Jacques aurait présentés et surtout de la concomitance des cadeaux les plus onéreux avec les périodes où son état de santé s'était fortement dégradé. On peut donc légitimement penser que Sylvia était parfaitement consciente de la vulnérabilité de Jacques.

Autour d'eux, l'entourage s'est « clivé » en deux camps, ceux qui ont été choqués par la dilapidation de sommes aussi importantes à l'égard d'une intrigante, et ceux qui étaient partisans d'une liberté entière de la personne âgée. Les uns témoignent que Jacques perd la mémoire, qu'il ne les reconnaît plus, d'autres suggèrent que le fils est plus concerné par la crainte de perdre son héritage que par la santé de son père. Ludovic en vient à se méfier de tout l'entourage proche de Jacques, personnel, soignants, avocats, qu'il considère comme des prédateurs en voulant à la fortune paternelle.

Le vieillissement normal est un glissement très progressif ponctué par de petits troubles de l'attention puis par des moments de confusion et des pertes de mémoire. Un des signes fréquemment rencontrés est la confusion dans l'importance des chiffres : on mélange les francs et les euros ou on se trompe d'un zéro. Dans ce glissement, il y a des jours avec et des jours sans. La personne âgée peut aussi contrôler ces petits troubles pour une occasion importante. Par exemple, elle ne dissimulera pas ses symptômes devant ses enfants mais se montrera impeccable lors d'une rencontre en temps limité avec ses petits-enfants. À ce stade, les familles hésitent souvent entre trop ou pas assez de protection. La variabilité des certificats médicaux peut provenir de la variabilité des troubles, sans exclure que les médecins puissent parfois eux-mêmes être influencés.

L'importance du patrimoine de Jacques pouvait donner à penser que des dons consentis ne lui étaient pas préjudiciables. Mais le texte de loi ne se limite pas à l'aspect financier. Nous avons vu précédemment que les juges peuvent retenir des préjudices moraux ou psychologiques, la vulnérabilité reposant sur des critères d'âge mais aussi de sujétion psychologique.

Certains envieux décrivent Sylvia comme une redoutable intrigante qui aurait déjà vidé les comptes de plusieurs veufs. Si nul ne doute de l'influence exercée par cette ravissante jeune femme sur Jacques, le questionnement porte sur l'autonomie du vieux monsieur et donc sur sa liberté à donner un consentement. On retrouve là le débat déjà évoqué entre ceux qui prônent une liberté absolue, et des philosophes qui recommandent, dans certains cas, une protection des personnes pour leur dignité. Jacques aurait-il dépensé tant d'argent si son esprit n'avait été affaibli, soit par une atteinte cognitive, soit par l'emprise de Sylvia ? Rien ne permet d'exclure qu'il ait été parfaitement conscient de la stratégie de celle-ci et qu'il ait accepté librement de lui faire tous ces dons en échange de l'écoute, de la distraction qu'elle lui apportait. Ce choix peut être réprouvé moralement par certains mais Jacques était libre de le faire.

La plainte de Ludovic contre Sylvia suggère que le vieil homme ne disposait plus de toutes ses capacités intellectuelles. Ce sous-entendu, Jacques le vit comme une attaque de son fils, ce qui provoque la rupture d'un lien déjà bien affaibli. Le père menace alors de déshériter Ludovic et de changer les bénéficiaires des assurances vie. Le conflit ouvert, la position de Jacques ne pouvait que se radicaliser, car il était piégé par ses décisions initiales. Comme on l'a décrit dans les techniques comportementales de manipulation, les personnes se piègent elles-mêmes en persévérant dans leurs choix. Jacques, par un procédé d'autojustification, ne pouvait plus nier ses décisions ni leur trouver de raison en dehors de son libre choix, sous peine de reconnaître sa vulnérabilité ou sa déficience intellectuelle.

Ludovic s'estime lésé et sans doute a-t-il raison. La force des manipulateurs est de s'engouffrer dans les brèches, de rechercher des sentiments cachés (par exemple un règlement de compte inconscient d'un parent avec un fils qui ne correspond pas à l'enfant idéal, l'enfant rêvé). Sylvia a repéré cette faille entre Jacques et Ludovic et s'y est précipitée. Elle s'est alors présentée comme une famille de substitution pour Jacques, comme son nouveau, voire son seul « vrai » enfant, en l'amenant à se fâcher avec son fils.

Au-delà des dons matériels, il s'agit bien plus d'une escroquerie affective qui a conduit un sujet vulnérable à se couper de sa famille légitime, tout en produisant une réaction émotive du fils. Quand un enfant voit son père dépenser des sommes considérables pour une étrangère, que celle-ci est d'une façon symbolique placée sur le même plan qu'un enfant légitime, la jalousie n'a rien d'étonnant.

L'erreur de Ludovic, comme celle de la plupart des proches dans un tel cas, a été de vouloir démontrer à son père l'évidence des manipulations de

Sylvia. Il n'a pas su lui dire autrement son besoin de lui. Au lieu de tenter des rapprochements tendres, il a choisi la force, la violence, comme si le lien avec Jacques n'était possible qu'à condition que la jeune femme s'éloigne. Il aurait dû lui dire que, même s'il n'aimait pas Sylvia, il respectait son choix, mais il n'a pu s'empêcher de la critiquer ouvertement.

2. ABUS DE FAIBLESSE SUR MINEURS

L'enfance est un temps de construction de la personnalité et aussi de dépendance affective, intellectuelle et psychologique, ce qui rend les mineurs extrêmement malléables et vulnérables à la manipulation.

L'aliénation parentale

Pour les plus jeunes, les influences proviennent essentiellement du foyer familial. On pourrait penser que l'enfant y est protégé, pourtant, il peut aussi être manipulé, voire détruit psychologiquement, par un des parents qui, dans un contexte de séparation conflictuelle, cherche à le conditionner pour qu'il rejette l'autre parent sans que cela soit aucunement justifié.

Il s'agit d'un abus de faiblesse parce qu'un enfant est par définition vulnérable et n'a pas les moyens de résister à celui qui cherche à l'aliéner.

En décembre 1998, Xavier Fortin profite d'un droit de visite à ses deux fils, Shahi Yena, sept ans, et Okwari, six ans, dont la mère avait la garde, pour les enlever et s'enfuir avec eux. Après onze ans de cavale et une condamnation par défaut en 2005 pour « soustraction de mineurs par ascendants », il a finalement, sur dénonciation, été retrouvé dans l'Ariège et a dû comparaître au tribunal de Draguignan. Au terme d'un procès où la mère n'a pas voulu charger son ancien compagnon, Xavier Fortin a été condamné à deux mois de prison ferme et est ressorti libre puisqu'il avait purgé sa peine en détention préventive.

Pour sa défense, il disait avoir utilisé le même procédé que la mère des enfants quand ils étaient petits et pour lequel elle avait été condamnée à six mois de prison avec sursis. Pour lui, il n'y avait pas d'autre choix que de partir avec eux car ses enfants couraient un risque d'aliénation évident s'ils restaient chez leur mère.

Après dix ans de vie commune pendant lesquels les deux parents s'étaient entendus sur un mode de vie marginal et sur l'éducation des enfants, le couple s'était dégradé petit à petit et Martine, la mère, avait souhaité vivre une existence plus conforme. Elle avait alors emmené ses deux fils de quatre et six ans vivre dans un appartement à mille kilomètres de là où ils étaient, elle leur avait coupé les cheveux et les avait mis à l'école. Ce changement de mode de vie avait été très mal vécu par les deux frères.

Ces derniers assureront plus tard qu'ils avaient décidé librement de fuir le domicile maternel pour vivre avec leur père, choisissant de suivre le style de vie dans lequel ils avaient commencé à grandir. Si leur mère souhaitait les revoir, estimeront-ils, elle en avait la possibilité. Tous deux affirment n'avoir été ni séquestrés ni manipulés par leur père : ils pouvaient retourner chez leur mère s'ils le voulaient.

En retrouvant celle-ci, qu'ils n'avaient pas vue pendant onze ans, ils n'ont eu aucun élan vers elle et ont continué à soutenir leur père qu'ils considéraient injustement emprisonné.

Ce cas peut paraître extrême mais nous rencontrons de plus en plus souvent des accusations d'aliénation parentale lors des séparations. Comme dans toutes les plaintes pour abus de faiblesse, chacun se sent victime de l'autre et il est difficile de connaître la réalité du problème. Comment y voir clair ?

Le syndrome d'aliénation parentale (SAP) a été décrit en 1986 par Richard Gardner, professeur de pédopsychiatrie à l'université de Columbia[1]. Il nommait ainsi les perturbations psychologiques qui atteignent un enfant lorsque l'un des parents effectue sur lui, de manière implicite, un « lavage de cerveau » visant à détruire l'image de l'autre parent.

Le concept d'aliénation parentale a été très contesté. Gardner a été extrêmement critiqué, accusé, à tort ou à raison, d'avoir tenu des propos incitant à la pédophilie. Je n'ai personnellement pas trouvé d'écrits en ce sens dans la bibliographie, et ne peux donc pas prendre position sur Gardner lui-même. Mais, en tant que psychiatre, j'ai rencontré un certain nombre de parents qui, au cours d'une séparation conflictuelle, ont vu leurs enfants les rejeter. J'ai reçu et je reçois encore de jeunes adultes qui, lorsqu'ils étaient mineurs, ont « choisi » de ne plus voir leur père ou leur mère. Cela a engendré chez eux beaucoup de souffrance et de culpabilité.

Bien sûr, la prudence est de mise : comment distinguer précisément une aliénation et le rejet légitime d'un parent maltraitant ou abuseur ? Dans

---

1. Gardner R. A., *The Parental Alienation Syndrome.* Creative therapeutics, Cress Kill NJ, 1992, 2ᵉ édition 1998.

ce cas la priorité est de protéger l'enfant en prenant des mesures d'éloignement, mais c'est à la justice de le faire, et l'enfant doit quand même avoir la liberté de penser son attachement à ce parent.

Il est vrai qu'aujourd'hui l'expression d'aliénation parentale est de plus en plus rapidement évoquée, souvent de façon abusive, par des parents ou des avocats lors des divorces, ce qui constitue une autre manipulation tout aussi grave dont l'enfant est victime. « Le SAP est un sujet explosif qui reste polémique car il concerne autant le milieu judiciaire que médical, et ce, dans des contextes de "guerre parentale" où prendre position est délicat. La justice est réticente à faire entrer dans les cours un diagnostic médical sur un conflit et les médecins se sentent gênés de devoir s'impliquer dans des histoires familiales, qui semblent plutôt relever des compétences de l'assistante sociale[1]. »

Certains ont vu là une problématique opposant les pères et les mères. Des associations de femmes y ont réagi de manière véhémente, craignant que l'excuse de l'aliénation n'amène à occulter des cas réels d'inceste. Des associations de pères ont dénoncé les plaintes abusives de mères cherchant à éliminer le père. Il est vrai qu'autrefois la résidence des enfants était systématiquement confiée aux

---

1. Goudart B., *Le Syndrome d'aliénation parentale.* Thèse de médecine soutenue le 22 octobre 2008 à l'université Claude-Bernard, Lyon I.

mères, ce qui leur donnait une plus grande facilité pour établir une emprise sur l'enfant, mais c'est plus rarement le cas aujourd'hui.

Pour apaiser la polémique, des psychiatres et psychologues ont voulu proposer une nouvelle définition de l'aliénation parentale afin d'inscrire cette pathologie dans le prochain DSM V[1]. Ils parlent de « perte du lien parental » et en proposent la définition suivante : « La condition psychologique particulière d'un enfant (habituellement dont les parents sont engagés dans une séparation très conflictuelle) qui s'allie fortement à un de ses parents (le parent préféré) et rejette la relation avec l'autre (le parent aliéné) sans raison légitime[2]. » Cette définition est certes moins stigmatisante pour le parent aliénant mais, en gommant la manipulation dont l'enfant est victime, ne risque-t-on pas de lui faire porter toute la culpabilité ?

Dans son sens étymologique, aliénation, *a-liéner*, signifie « rompre le lien ». Il s'agit effectivement d'une manipulation, mais la plupart du temps inconsciente.

---

1. DSM V. Manuel de classification internationale des maladies mentales (en cours de rédaction, à paraître en 2013). American Psychiatric association.

2. Cité par Benoît Van Dieren lors d'une réunion à Florence en avril 2009 avec N. Areskong, E. Bakalar, W. Bernet, P. Bensoussan, W. Boch, C. Dum, A. Hannuniemi, U. Kodjoe, O. Odinetz.

Gardner décrivait trois stades du rejet du parent par l'enfant :

– *Stade I, léger* : personnellement je ne le considère pas comme de l'aliénation mais comme un processus banal et réversible dans une séparation conflictuelle.

– *Stade II, moyen* : C'est la mise en place progressive de l'aliénation.

– *Stade III, grave* : C'est l'aliénation proprement dite.

Des séparations conflictuelles

Lors des procédures de divorce, un certain nombre de parents entrent en guerre contre leur ex-conjoint, et utilisent inconsciemment les enfants comme arme pour blesser l'autre. Généralement cela commence avant la séparation par un chantage à l'enfant : « Si tu me quittes, tu ne verras plus les enfants ! » Obtenir la garde est devenu un enjeu important dans la procédure et celui ou celle qui se sent trahi ou dupé par son partenaire peut chercher à reprendre du pouvoir en dénigrant l'autre devant les enfants. C'est pour lui une façon de restaurer un narcissisme qu'il pense avoir perdu dans la séparation.

Certes les critiques concernant l'autre parent ne se produisent pas uniquement lors des séparations. De même il est normal que lors d'un divorce le conflit soit présenté sous des jours très différents par les deux ex-conjoints. Chacun réécrit, en toute bonne foi, sa version des faits.

Les mères sont inquiètes quand elles confient un enfant très jeune à un père qui s'en est peu occupé, et de leur côté les pères disent souvent que la mère de leur enfant est fusionnelle, angoissée, pas fiable. Les différences éducatives sont montées en épingle : l'un consulte des homéopathes, l'autre réclame un peu vite des antibiotiques au pédiatre ; l'un ne jure que par la nourriture bio alors que l'autre emmène les petits au Mac Do ; l'un noie les enfants sous des activités extrascolaires, l'autre les laisse regarder la télé et jouer aux jeux vidéo. Les divergences peuvent aussi concerner la pratique d'une religion ou le choix d'une école.

À ce stade-là, si aucun des deux parents ne présente de caractère pathologique franc et si les familles respectives ne viennent pas réactiver le conflit, tout doit progressivement s'apaiser. Il est inutile et même dangereux de parler alors d'aliénation parentale car cela risque d'entraîner des dérives procédurières dont l'enfant sera la principale victime. Il faut simplement trouver un juste milieu, d'un côté se garder d'attiser des comportements de possessivité et simplement proposer un soutien psychologique, et de l'autre arrêter très vite les dérapages préjudiciables au mineur.

Ce glissement du normal vers le pathologique doit être repéré et combattu le plus tôt possible par les professionnels. Pour cela, il serait souhaitable que les juges établissent systématiquement des règles précises concernant les échanges, y compris les coups de téléphone, et que, aux premiers signes de rejet d'un des parents, ils imposent une médiation avec des sanctions à la clef.

Les tentatives d'aliénation

Voyons un cas que Gardner aurait qualifié de moyen :

Françoise se décide à quitter Luc, son mari, après plusieurs années de violence psychologique grave : « Je restais pour préserver les enfants. » Dès qu'elle ne se montrait pas assez docile, son mari l'injuriait en prenant les enfants (Louis, neuf ans, et Élodie, sept ans) à témoin. Au fil du temps sa santé se dégrade. Surtout, les enfants deviennent agressifs entre eux et même parfois avec elle.

À la suite d'une scène où Luc s'était montré plus violent que d'habitude, considérant que Louis et Élodie étaient réellement en danger, elle porte plainte et entame une procédure de divorce. Elle prend un logement à l'extérieur et négocie avec Luc que les enfants la rejoignent une semaine sur deux. Mais Luc ne tient pas parole : « Les enfants n'ont pas voulu. »

Pendant presque trois mois, elle ne peut pas les voir.

Lors d'une première audience au tribunal, Luc accapare la parole, expliquant au juge que sa femme est folle et qu'elle a détruit une famille harmonieuse en partant. Il profite du fait qu'il réside dans la maison familiale pour demander la garde exclusive. Lors de cette audience, Françoise, effondrée, est incapable de s'expliquer. Le juge sermonne les deux parents, fixe la résidence des enfants chez le père avec un droit de visite classique un week-end sur deux pour la mère et ordonne une médiation familiale.

À l'extérieur, Luc se présente comme un père courageux qui, depuis que la mère les a abandonnés, s'occupe bien de son fils et de sa fille, gagnant ainsi le soutien de ses voisins et des parents d'élèves, prêts à témoigner en sa faveur. La médiation s'est interrompue rapidement car, selon les termes de la médiatrice : « Madame se voyait contestée par le père dans tout ce qu'elle disait. »

Pour les négociations matérielles du divorce, Luc se montre très exigeant, et chaque fois que Françoise résiste, il passe par les enfants : « Maman, il faut que tu répondes à papa ! » Il demande à les avoir encore plus, disant devant eux qu'ils ne sont pas heureux avec leur mère.

À l'audience suivante, Françoise réussit à décrire le comportement dévalorisant et dénigrant de Luc à son égard, à assurer qu'il continue de prendre les enfants à témoin pour tout et qu'il vient régulièrement et sous n'importe quel prétexte l'insulter à son domicile.

Quant à Luc, il sollicite le maintien de la garde exclusive des enfants, car « c'est leur choix » : ils ne demandent pas à voir une mère qui les a abandonnés. Il indique que si la médiation familiale a échoué c'est uniquement parce que la mère avait initié une plainte à son encontre.

Le juge prend alors conscience du risque d'instrumentalisation des enfants, ordonne une expertise psychologique, décide d'une garde alternée et intime aux parents d'assouplir leur position. En ce qui concerne Françoise, il lui ordonne de retirer sa plainte au pénal « parce que c'est ce qui énerve monsieur et qu'il faut calmer le jeu ». Françoise finira par s'exécuter, mais elle écrira ensuite au procureur pour préciser qu'elle n'a retiré sa plainte que sous la contrainte, et qu'elle n'en renie pas le contenu. Le père aura un rappel à la loi et la plainte sera classée sans suite.

À chaque alternance, quand Françoise récupère ses enfants, il y a d'abord une phase de reprise en main : les deux sont très agités, surtout Louis, qui est très agressif et frappe sa sœur. Quand Françoise protège la petite, c'est elle qui reçoit des coups de pieds. Pourtant, le soir dans son lit, Louis pleure, demande de l'aide et des câlins à sa mère. Les jours qui suivent, mis à part quelques petites crises de Louis, les enfants sont gentils et affectueux avec elle.

Sous prétexte que la mère n'est jamais joignable, Luc a offert un téléphone portable à Louis, et l'appelle tous les jours pour le tenir au courant de la procédure : « Les enfants doivent tout savoir. » Le garçon est alors très agressif, il s'énerve contre sa sœur, la moleste et la bouscule : « Je vais te tuer ! » Lorsque les enfants sont chez leur père, en revanche, si Françoise téléphone, c'est toujours Luc qui répond. Il dit habituellement que les enfants sont occupés. Si elle insiste, il appelle le frère et la sœur qui affirment ne pas vouloir parler à leur mère.

Françoise constate qu'au fil du temps les souvenirs des enfants par rapport à la séparation changent. Quand elle était à la maison, devant la violence du père, les enfants disaient : « Maman, il faut partir ! » Après le divorce, c'était : « Maman, il faut revenir, papa a changé ! » Et maintenant : « Maman, pourquoi tu es partie, papa est gentil. C'est toi qui fais des histoires ! »

Les parents ont été convoqués chez l'expert psychologue, d'abord séparément avec les enfants, puis tous ensemble, et à nouveau séparément. Luc y est allé le premier. Lorsque le tour de Françoise est arrivé, Luc, qui n'était pourtant pas convoqué, les a rejoints dans la salle d'attente pour recommander aux enfants : « Parlez avec votre cœur ! » Devant l'expert, Louis a dit : « Je ne veux pas aller avec maman, elle est chiante et elle est folle ! » Élodie a ajouté : « On s'ennuie chez maman et on s'amuse chez papa. »

Françoise est effondrée. Le jeu est trop déloyal : « Moi je ne dénigre pas le père mais la partie est inégale. Lui ne se gêne pas et il emporte l'adhésion des enfants. » Mais elle ne sait que faire, craignant de réactiver la violence de Luc : « Si je réagis trop frontalement, les enfants vont être écrasés. Je suis obligée de biaiser. »

Un an après le départ de Françoise, l'expert remet son rapport au juge. Il constate que les enfants présentent des signes de distorsion psychoaffective, qu'ils n'ont pas de pensée autonome et cherchent en permanence l'approbation de leur père. Selon lui, le caractère dominateur de celui-ci ne leur laisse pas d'autre choix que de se soumettre et de reproduire, de façon complètement plaquée, le discours disqualifiant du père à l'égard de la mère.

Il constate que les enfants sont entraînés par Luc : s'ils réclament de passer plus de temps avec lui, c'est que son comportement discréditeur a fragilisé la position maternelle. Selon lui, établir leur résidence chez la mère risquerait de renforcer l'agressivité du père et de créer un blocage des enfants. Il apparaît donc que la résidence alternée constitue, pour le moment, la moins mauvaise solution.

Le juge menace Luc de fixer la résidence chez la mère s'il ne se calme pas, ordonne que les parents communiquent uniquement par mail ou SMS, que les enfants appellent un soir sur deux le parent avec lequel ils ne sont pas, et que chacun laisse Louis et Élodie téléphoner à l'autre sans être présent dans la même pièce. Il prescrit également un suivi psychologique des enfants.

Cela sera-t-il suffisant ?

Un parent aliénant cherche donc à éloigner l'enfant de son autre parent et de la famille de celui-ci. Cela peut se faire en contrôlant les échanges par une grande rigidité concernant les horaires de visites, en refusant de trouver un arrangement en cas de problème pratique, ou en modifiant en permanence les dates des vacances pour mettre l'autre parent en difficulté. Il peut aussi ne pas transmettre des informations ayant trait à l'école, ou ne donner aucune indication à propos des loisirs. Le but est de contrôler l'enfant mais aussi l'autre parent.

L'usage du téléphone, de ce point de vue, est un sujet polémique chez beaucoup de couples séparés : un parent aliénant aura tendance à contrôler les communications de l'enfant, à filtrer ses messages, ou bien envahir l'autre de coups de téléphone incessants, tout en supportant mal les appels de ce dernier pour prendre des nouvelles des enfants. Les portables sont devenus des instruments redoutables constituant une sorte de cordon ombilical électronique qui relie les parents à leur enfant et leur permet de maintenir un contrôle permanent.

Consciemment ou non, un parent aliénant cherche à attirer l'enfant en disqualifiant l'autre à petites touches. Il peut user de remarques perfides suggérant que celui-ci est un menteur, qu'il fait des choses malhonnêtes, n'est pas fiable, qu'il constitue un danger pour lui : « Étant donné sa consommation d'alcool, ton père est incapable de s'occuper de toi ! » Il peut aussi donner une interprétation négative de tout ce que fait l'autre parent : « Ta mère a encore changé de copain, après avoir plumé le premier, elle a trouvé un autre pigeon ! » Ou bien donner une version mensongère de l'histoire du couple, de façon à faire croire à l'enfant que l'autre parent a tous les torts : « Ta mère a vidé tous les comptes pour partir avec son amant ! » ou bien : « Ton père est violent, d'ailleurs si je n'avais pas été là, il serait allé en prison. »

L'argent est souvent mis en avant. Un enfant peut s'entendre dire qu'il n'est pas normal qu'il aille chez son père / sa mère, parce que celui-ci / celle-ci n'a pas payé la pension alimentaire. Le mineur peut aussi être manipulé et faire pression sur l'autre parent, afin qu'il dépense plus : « Ta mère te dit qu'elle n'a pas d'argent pour t'envoyer au ski, mais en réalité elle est pleine de blé ! »

Un parent aliénant peut aussi jouer le registre de la séduction, surtout avec les adolescents, et promettre des cadeaux, acquiescer à toutes leurs exigences, ou ne fixer aucun interdit.

Alors que les fils adolescents de Jérôme auraient dû, selon l'ordonnance du juge, passer avec lui la moitié des vacances scolaires, leur mère proposait systématiquement des séjours merveilleux à l'étranger. Les fils appelaient alors leur père pour lui dire qu'ils préféraient partir en Amérique, que c'était indispensable pour leur anglais, et Jérôme ne les revoyait pas de tout l'été.

Un parent aliénant peut instaurer une complicité malsaine avec l'enfant, le traiter comme un égal, le mettre à la place de l'ex-conjoint, lui demander son avis sur tout, le tenir au courant des procédures.

L'enfant est alors flatté, séduit et il lui est impossible de résister.

Depuis la séparation de ses parents il y a un an, Élodie, dix ans, vit seule avec son père. Il la tient au courant du dossier de divorce, lui fait lire les pièces de procédure, lui a expliqué qu'il est normal que sa mère soit sanctionnée par le juge vu qu'en partant elle a détruit une famille harmonieuse. Quand il manque une pièce au dossier, c'est l'enfant qui en fait le reproche à sa mère. Quand Élodie revient de chez elle un week-end sur deux, elle fait un compte rendu à son père du train de vie de sa mère, des amis qu'elle voit, etc. Cette enfant trouve cela tout à fait normal.

Mais la manipulation la plus efficace vis-à-vis d'un enfant reste le chantage affectif pour obtenir son amour exclusif. Le parent se montre extrêmement malheureux, se pose en victime de l'ex-conjoint et peut même aller jusqu'à menacer de se suicider. Les enfants étant spontanément réparateurs, ils vont soutenir celui ou celle qui paraît souffrir le plus de la séparation, et critiquer le supposé responsable de cette souffrance.

On peut arriver aussi à des dénonciations abusives de violence physique ou sexuelle. À partir de faits minimes ou de paroles ambiguës de l'enfant, un parent anxieux peut interpréter une situation comme étant une agression de l'autre sur lui. Il ne s'agit pas alors d'un mensonge de l'adulte angoissé mais d'un processus inconscient venant focaliser ses peurs. Mais si quelqu'un de l'entourage ou un avocat vient surenchérir, on entre dans une escalade : l'enfant sera entendu à la brigade des mineurs qui cherchera à recueillir des faits et analysera la situation. Suivant les éléments, soit le droit de visite du parent suspect sera suspendu, peut-être à tort, soit l'enfant pourra continuer à le voir et dans ce cas, le parent méfiant aura la tentation de « protéger » son fils ou sa fille en ne le / la présentant pas. C'est alors lui qui risquera des sanctions juridiques.

Devant de telles accusations, il faut beaucoup de prudence. Certes un mineur doit être protégé, mais il faut aussi essayer de comprendre avant de dénoncer.

De retour d'un week-end chez son père, Adrien, onze ans, présente de longues striures rouges sur le dos. Il s'entend mal alors avec son père, qui est colérique et se montre très strict par rapport à ses résultats scolaires. La mère, immédiatement, pense que le père a fouetté son fils, qui ne dément pas. Elle fait alors des photos et se rend à la brigade des mineurs. S'ensuit une enquête très lourde pour le père mais aussi pour l'enfant.

Il s'est avéré qu'il s'agissait d'une allergie à des graminées. Le père avait demandé à Adrien de l'aider à débroussailler un terrain en friche.

Quand l'aliénation parentale se met en place, il est essentiel de réagir vite car plus le temps passe et plus l'enfant est en symbiose avec le parent aliénant – qui joue aussi sur la lenteur de la justice –, tandis que l'autre devient un étranger. Il faudrait qu'à la moindre suspicion d'aliénation les juges imposent une médiation rapidement, c'est-à-dire en quelques semaines et non en quelques mois. Pour que cela soit efficace, le médiateur aurait besoin d'être soutenu par l'autorité du Tribunal avec, en cas d'échec, une menace de prison ou de transfert du droit de garde à l'autre parent. Cela aurait au moins le mérite de déculpabiliser l'enfant qui pourrait voir chacun de ses parents avec le prétexte d'éviter au père / à la mère aliénant(e) d'être incarcéré(e).

Il arrive qu'un parent se présente chez le juge avec des témoignages, et parfois même des certificats médicaux affirmant que l'enfant est angoissé à l'idée d'aller chez l'autre parent. Dans ce cas, au lieu d'accepter cet évitement de l'enfant, il vaut mieux prescrire des entretiens avec un psychologue afin de comprendre où se situe cette appréhension.

Le parent rejeté a souvent besoin d'un soutien psychologique pour résister et ne pas surréagir, par contre il est généralement vain d'ordonner une thérapie au parent aliénant car il n'a pas conscience de présenter un problème. Tout vient pour lui de l'ex-conjoint. Il n'entendra que les sanctions. Pour l'enfant, un suivi psychothérapeutique est essentiel, mais uniquement s'il est proposé à temps, car lorsqu'il sera complètement sous l'emprise du parent aliénant, il refusera tout ce qui pourrait nuancer la situation ou l'exposer sous un autre angle.

Les psychiatres et psychologues doivent être prudents, veiller à ne pas stigmatiser le parent problématique afin de lui laisser une chance d'infléchir sa position, mais un juge peut et doit se montrer plus directif. C'est à lui de prendre des mesures si un parent est abusif et de dire à l'enfant que voir ses deux parents et les respecter est une obligation au même titre que l'éducation.

L'aliénation grave

Plus le temps passe, plus le conflit se cristallise et plus il est difficile de revenir en arrière. Au fur et à mesure, le lien entre le parent rejeté et l'enfant se délite, et à un certain moment ce dernier se comporte de façon beaucoup plus radicale que le parent aliénant.

Alice a quarante-huit ans et trois enfants, dont deux sont majeurs. Elle a connu Bertrand, son mari, alors qu'ils étaient étudiants dans la même faculté. Dès la fin de ses études, Bertrand s'est installé en libéral comme expert-comptable et a demandé à Alice qui n'avait pas terminé ses études de l'aider dans la gestion de son cabinet.

Assez vite, Bertrand se montre violent psychologiquement envers Alice, la dénigrant, l'humiliant à la maison devant les enfants. Vu de l'extérieur, en revanche, il était le mari parfait, que les amies d'Alice lui enviaient. Il était par ailleurs un notable reconnu, membre de plusieurs associations.

Au fil des années, surtout après la naissance de leur dernier fils, la violence de Bertrand ne fit qu'augmenter : Alice était régulièrement battue. Elle n'avait plus d'énergie pour se défendre et glissa progressivement vers un état dépressif chronique. Ne travaillant pas, elle hésitait à partir car elle dépendait financièrement de son mari et se culpabilisait par rapport à ses enfants.

Finalement, un jour où son mari l'avait frappée encore plus fort, sur les conseils d'une association, elle fit constater ses blessures et prit la décision de s'enfuir, seule, sans son plus jeune fils.

Commença alors pour elle un rude parcours judiciaire entre le JAF (juge aux affaires familiales), le juge pour enfant et le tribunal pénal.

La mère étant dépressive, sans emploi et logeant dans un petit studio dans une autre ville, le jeune fils fut confié au père. Elle avait théoriquement un droit de visite un week-end sur deux pour ses trois enfants, mais ses filles refusèrent de la revoir, car « leur mère avait détruit la famille » en partant. Elle avait obtenu de voir son fils de treize ans un dimanche par mois, mais il venait à contrecœur et toujours en retard. Au restaurant, quand ils déjeunaient ensemble, il passait le plus clair de son temps au téléphone avec son père sans regarder sa mère.

Lors du procès pénal, l'une des filles témoigna contre sa mère, reprenant le discours paternel : « Ma mère faisait des crises d'hystérie où elle s'automutilait. Tout ce dont elle a accusé mon père, ce ne sont que des mensonges. »

Pourtant, lors du procès en appel, l'expertise démontra que les blessures constatées sur Alice ne pouvaient aucunement être le résultat d'automutilation et Bertrand fut condamné à six mois de prison avec sursis. Les filles continuèrent néanmoins à refuser tout contact avec leur mère, et, malgré plusieurs plaintes pour non-présentation d'enfants, le fils d'Alice trouvait des prétextes pour ne pas aller la voir. Par la suite, en toute illégalité, le père déménagea et changea l'enfant d'établissement scolaire sans prévenir la mère, qui se retrouva ainsi sans aucune nouvelle de ses enfants.

Finalement, quatre ans après, Alice gagna le jugement pour non-présentation d'enfant. Mais voici ce que déclara le juge lors du dernier jugement :

« X est âgé de bientôt dix-sept ans. Il est acquis que, nonobstant les multiples décisions déjà intervenues, la reprise des relations régulières et confiantes entre Mme A. et son fils n'a pu s'instaurer, notamment parce que X est englué dans le discours du père à l'égard de la mère. Il est à cet égard révélateur de constater que X se sent un tel devoir de loyauté et de transparence envers son père en ce qui concerne sa relation avec sa mère que l'ensemble des courriers adressés par celle-ci à son fils se trouve au dossier du père. La demande d'attribution de l'exercice exclusif de l'autorité parentale et de fixation de la résidence de X à son domicile formulée par la mère est manifestement irréaliste. »

C'est un constat d'échec qui est fait là. Effectivement, au stade du SAP, il est quasi impossible de rétablir un lien avec le parent rejeté, et d'imposer la reprise de relations normales.

Lorsque ces enfants deviennent adultes, il est rare qu'ils se rapprochent du parent rejeté. Certains réussiront à se dégager du parent aliénant, mais ce sera souvent pour fuir à l'autre bout du monde – une façon de rompre avec les deux parents, afin d'être sûrs de ne pas avoir à choisir une fois de plus entre eux deux. S'ils prennent conscience qu'ils ont été manipulés, rendus complices d'une grande injustice, ils devront vivre avec une énorme culpabilité.

Conséquences sur l'enfant

Un enfant a besoin de liens d'attachement avec ses deux parents, aussi quand l'un d'entre eux essaie de le manipuler ne comprend-il pas et cherche-t-il avant tout à éviter le conflit et à calmer le jeu. Cependant il n'est pas libre de choisir car il est dépendant d'eux, et encore plus de celui qui se présente comme tout-puissant. Il sent bien que s'il n'adhère pas à sa volonté, il sera rejeté.

Un conflit de loyauté se dessine alors en lui. L'enfant est dans l'impossibilité de trancher entre deux solutions qui engagent son amour pour chacun de ses parents ; cela entraîne chez lui une tension extrême et une forte angoisse. À un certain moment, pour moins souffrir, son unique solution consiste à rallier le camp du parent aliénant, c'est-à-dire celui où la pression est la plus forte, que le père / la mère lui fasse peur ou paraisse en plus grande détresse. L'enfant va alors apprendre à dire la vérité qui convient. Les plus âgés commenceront par biaiser, devenir diplomates, contrôler leurs paroles, filtrer les messages, puis ils apprendront à mentir, à moduler leur discours en fonction des attentes supposées du parent dominant.

Comme nous l'avons vu dans le chapitre précédent sur les techniques d'engagement, une manipulation se fait de façon subtile et inconsciente, par des non-dits ou des insinuations. Elle incite à agir dans le sens voulu par le manipulateur, et, même s'ils paraissent dérisoires, ces actes engagent celui qui les émet. « Nous pensons en général que la conviction résulte de la force de l'argumentation. Ce n'est pas le cas ici. Pour convaincre l'enfant, le parent narcissique n'opère pas dans l'univers de la pensée logique ni dans celui du langage. [...] Il attend des actes pour preuve de sincérité, d'amour véritable [...]. L'enfant est donc amené à faire un geste qui l'engage du côté du parent narcissique. Or si nous pouvons aisément changer notre façon de voir quelque chose, nous pouvons difficilement supprimer une action que nous avons faite. L'enfant qui aura accepté simplement de ne pas saluer le parent à son arrivée, ou d'emporter un objet personnel à l'insu du parent, se sera engagé pour l'autre parent [...]. Le parent manipulateur n'aura pas besoin de fournir des arguments à l'enfant : il les trouvera lui-même et ces arguments seront d'autant plus solides que ce seront les siens.

Il aura l'illusion de les avoir pensés "tout seul", sans avoir été influencé par quiconque[1]. »

Les répercussions sur l'enfant sont variables suivant son âge, son degré de maturité et l'intensité des procédés de disqualification. La mise en place d'une aliénation se situe en général entre sept et treize ans, car à cet âge un enfant est assez grand pour prendre conscience de la séparation des parents, sans que son esprit critique, toutefois, soit suffisamment affirmé pour le protéger d'une emprise. Plus les enfants sont jeunes, plus ils sont manipulables parce que leur mémoire des événements est éphémère, et plus ils réagiront par des troubles du comportement ou des troubles psychosomatiques. Quand il y a plusieurs enfants, l'aîné, surtout s'il est de sexe opposé au parent aliénant, tend à se placer en porte-parole de celui-ci et à se substituer au parent rejeté.

Les mécanismes de survie psychique de l'enfant sont le clivage et l'amnésie.

Le clivage est un mécanisme de défense qui permet de maîtriser l'angoisse et de mettre de côté une émotion ou un souvenir trop perturbant. Cela se fait en scindant le moi en deux parties : l'une tente d'isoler la situation traumatique, tandis que

---

1. Van Dieren B., colloque qui s'est tenu le 28 septembre 2002 à Bruxelles à l'initiative de l'École des parents et des éducateurs.

l'autre reste connectée à la réalité. Par la suite, la présence ou la seule évocation de l'autre parent entraînera une forte angoisse chez l'enfant qui, littéralement, disjonctera pour ne pas laisser remonter le souvenir traumatique : « Je ne veux plus te voir, tu me fais souffrir ! » La vue du parent rejeté provoquera chez l'enfant une intense douleur ; ne pas le voir lui permettra de ne pas penser à la situation et de ne pas avoir mal.

L'amnésie arrive ensuite. Après un temps, l'enfant perd son ambivalence. Les souvenirs qui pourraient venir nuancer sa vision manichéenne de la situation sont oubliés et c'est la version du parent aliénant qui est retenue, avec une amnésie de tout ce qui est autre. Il va alors prendre parti pour le parent aliénant et se mettre lui aussi à dénigrer le parent rejeté, parfois à proférer contre lui des accusations mensongères ou relater des faits qu'il n'a pas vécus. Au fil du temps, la version du parent aliénant deviendra « vraie » aux yeux de l'enfant, dont les souvenirs se reconstruiront sur la base de l'interprétation qui lui est donnée.

À court terme, un enfant aliéné donne en général l'impression d'aller bien, mais cela ne garantit nullement un bon pronostic à plus long terme. Le parent aliénant voulant paraître parfait, la scolarité, les loisirs, les activités culturelles, tout cela peut paraître irréprochable. Le mineur, pourtant, risque de développer un « faux-self », c'est-à-dire une personnalité de surface masquant sa véritable identité, avec une apparence lisse et une fausse maturité. Le clivage peut l'amener à se faire une représentation manichéenne du monde et conduire à un trouble de persécution, le poussant à se méfier de tout ce qui est autre.

Ces enfants présentent également un risque accru de troubles de la personnalité, le plus souvent de type narcissique, avec une intolérance à la frustration, une difficulté à gérer leur agressivité et une tendance à se placer dans une position de toute-puissance. Il semble qu'ils présentent aussi davantage des troubles des conduites alimentaires et des conduites à risque, toxicomanie et comportements antisociaux.

À la suite de la séparation très conflictuelle de ses parents alors qu'elle avait onze ans, Sally a d'abord été confiée à sa mère. Puis, après une dispute, elle « a choisi » d'aller vivre chez son père, et a refusé de voir sa mère pendant sept ans. La relation avec son père s'est progressivement dégradée jusqu'à une scène de violence, où elle a dû appeler les gendarmes pour prendre la fuite.

Elle s'est alors rapprochée de sa mère, mais avec beaucoup de culpabilité : « Je l'ai rejetée, je ne voulais plus la voir. Je ne comprends pas pourquoi j'ai choisi d'aller chez mon père alors que je m'entendais mieux avec elle. »

Maintenant, Sally a vingt ans et ne va pas bien, toujours tiraillée entre ses parents qui continuent à régler leurs comptes sur son dos. Officiellement, elle est à la charge de son père mais ce dernier ne veut pas payer ses études puisqu'il ne la voit pas. Quant à la mère, elle reproche à sa fille de devoir payer pour elle.

Sally a raté son bac une première fois, a redoublé, puis s'est inscrite en fac. Mais elle ne va pas en cours, a du mal à se concentrer, se couche tard, se lève tard, fume des joints dès le matin et se plaint de nombreuses crises d'angoisse.

Elle a néanmoins décidé de se donner les moyens de s'en sortir et a commencé une thérapie : « Ce qui me sauve, c'est de me dire qu'ils sont tous fous et que je ne peux compter sur personne d'autre que moi. »

Quelle que soit l'évolution de la problématique, l'enfant mobilise toute son énergie psychique pour se préserver, bien qu'il ne puisse éviter l'émergence de symptômes d'angoisse et de somatisations : migraines, asthme, eczéma ou crises d'angoisse. C'est ainsi que l'on voit parfois des enfants qui ont apparemment résisté à l'aliénation mais qui restent très affectés par ces déchirements familiaux.

Quinze ans après la séparation difficile d'avec un mari violent et infidèle, Béatrice apprit de la bouche de ses enfants les explications qu'avait alors avancées leur père. Il prétendait avoir demandé le divorce parce qu'elle avait des amants et qu'elle était partie avec toutes les économies du ménage, le laissant sur la paille.

— Mais ce n'est pas vrai, c'est juste le contraire !

— Ce n'est pas grave, maman, chacun fait ce qu'il veut. On ne t'en veut pas.

— Mais regardez la vie que je mène, est-ce que j'ai l'air d'une femme facile ?

— C'est pourtant ce que dit papa !

Pendant toutes ces années, les enfants avaient fait le silence sur tout ce que leur disait leur père, qu'elle était une salope, une voleuse, une mauvaise mère. Béatrice avait simplement constaté qu'ils étaient extrêmement agressifs avec elle quand ils revenaient de chez leur père et violents si elle leur refusait une dépense : « Tu peux payer, tu es pleine de blé ! » Elle ne pouvait pas même évoquer leur vie d'avant sans qu'ils se mettent à hurler et à claquer des portes.

Avec le temps et l'amour qu'elle leur manifestait, ils semblèrent s'apaiser car elle évitait le sujet paternel. Pourtant, les trois enfants présentaient depuis la séparation des troubles psychosomatiques importants : maux de ventre ayant nécessité des hospitalisations, migraines invalidantes, crises d'asthme, etc.

Pour protéger leur mère, ils avaient simplement incorporé les messages destructeurs.

Le parent aliénant

Le profil le plus fréquent du parent aliénant est celui d'une personnalité narcissique, marquée par une peur de l'abandon, des failles dépressives et une fragilité de l'estime de soi. Il / elle a besoin de combler son vide intérieur avec l'amour de l'enfant (« Mon fils / ma fille est tout pour moi ! »).

Un parent aliénant vient souvent d'une famille dysfonctionnante. Lui-même a pu connaître des antécédents d'aliénation, d'abandon ou de maltraitance, et a dû alors se cliver pour se protéger. Plus tard, quand il s'acharne à éliminer l'autre parent, il projette sur celui-ci tout le négatif qu'il refuse en lui et qu'il aimerait voir disparaître.

Il n'a pas conscience de créer un préjudice à l'ex-conjoint, encore moins à l'enfant, il imagine que lui seul est un bon parent, et, comme il est convaincu, il est convaincant. Le problème vient de ce qu'un narcissique est séducteur avec les intervenants (avocats, policiers), et qu'il a une grande capacité à se poser en victime. Il sait aussi persuader les amis, les relations d'établir un certificat attestant qu'il est un parent irréprochable, il n'est donc pas étonnant qu'il réussisse à entraîner son enfant.

Même s'il prétend agir pour le bien de ce dernier, ce parent cherche à se valoriser aux dépens de l'autre, et, s'il était précédemment abusif, il trouvera par ce biais un moyen de poursuivre sa domination ou même sa destruction. Lors de la séparation, il éprouve le besoin non seulement de rejeter son ancien partenaire mais aussi d'effacer jusqu'à la trace de leur relation, faire comme si le couple n'avait jamais existé. Mais il y a l'enfant au milieu. La solution revient alors soit à rejeter son fils ou sa fille (on entend souvent des pères aliénants dire à un enfant qui résiste à rejeter leur mère : « Qu'est-ce qui me dit que tu es de moi ! »), soit à l'incorporer pour qu'il devienne une partie de soi, à se mettre en symbiose avec lui, niant son altérité. S'établit alors une relation incestuelle, plaçant l'enfant sur un même pied d'égalité que lui, à la place du parent rejeté.

L'enfant est l'oublié de ce processus, car dans pareil règlement de compte, le parent aliénant est prêt à le sacrifier.

La Bible raconte que deux mères se disputant un enfant furent menées devant le roi Salomon pour qu'il règle ce différend. Une des femmes avait en fait étouffé son enfant par accident et voulait s'approprier celui de l'autre.

Ne pouvant savoir qui était la véritable mère, chacune prétendant avec force dire la vérité, Salomon ordonna que l'on tranche l'enfant en deux et que l'on en donne une moitié à chacune.

L'une d'elle déclara qu'elle préférait renoncer à l'enfant plutôt que de le voir sacrifié. Salomon sut qu'elle était la mère et lui fit remettre le nourrisson.

Le parent aliénant, comme dans ce récit, impose à l'enfant de se couper en deux sur le plan émotionnel, quand bien même il y perd sa part vitale.

Le parent rejeté

Le parent rejeté ressent une détresse profonde et un grand sentiment d'impuissance. Quoi qu'il fasse il a tort et ne peut rien faire pour se réhabiliter aux yeux de l'enfant. Il est pris dans des sables mouvants : plus il se justifie et plus il s'enfonce. À cela vient souvent s'ajouter une stigmatisation sociale, parfois portée par les intervenants, experts, juges, avocats, d'un parent que l'on soupçonne défaillant ou mauvais ou incapable de se faire aimer suffisamment par son enfant.

Judith s'est séparée du père de sa fille Manon quand celle-ci avait trois ans. Le père s'est montré très procédurier, réclamant la garde exclusive de l'enfant sous le prétexte que la mère était incapable de s'occuper d'elle.

Maintenant, Manon a douze ans et quand elle vit chez sa mère, elle est en permanence dans la provocation. Elle ne participe à rien, réagit avec agressivité à chaque remarque maternelle. « Je n'ai pas une fille à la maison, j'ai une espionne qui vérifie tout ce que je dis, qui pense systématiquement que je lui mens, et je me retrouve à me justifier pour tout. »

« Cette situation me rend malade physiquement. Je ne sais jamais dans quel état d'esprit elle va être quand elle revient de chez son père. Il n'est pas question par exemple de lui demander si elle a passé un bon week-end car elle le vit comme une agression. Alors j'ai tellement peur de dire quelque chose qui ne va pas que très souvent je ne lui parle pas. J'ai perdu toute spontanéité avec elle. »

Lorsque les liens sont définitivement coupés, il y a un deuil impossible à faire puisque les enfants sont vivants, et qu'il reste un espoir mais aussi une crainte de les revoir un jour, ce qui plonge certains parents dans un état dépressif chronique.

Que faire ?

Bien sûr, on peut comprendre qu'un parent qui se sent injustement diffamé par l'autre tente de se justifier aux yeux de l'enfant, mais c'est exactement ce qu'il faut éviter. En effet, si l'enfant est tiraillé entre la version de papa et celle de maman, il ne comprendra plus rien et bloquera. Si l'un tire sur l'enfant dans un sens, il ne faut pas que l'autre tire dans l'autre sens, car l'enfant sera écartelé et souffrira. Qu'est-ce qui importe le plus, avoir raison ou que l'enfant aille bien ?

Si un parent lance par exemple « Ton père / ta mère ment, ce qu'il / elle te dit est faux », il passe lui-même pour agressif. L'enfant peut se demander à juste titre : « En me disant cela mon père / ma mère est peut-être en train de me mentir également. » Cette incertitude va l'angoisser et il ne pourra plus penser. Il vaut mieux être patient, modérer ses réactions et surtout ne pas critiquer en retour le parent qui diffame, sous peine de blesser l'enfant qui se trouve au milieu.

Mais ne pas critiquer ne signifie pas ne pas se positionner. Il faut apprendre à cadrer sans dénigrer, expliquer par exemple avec bienveillance et sans énervement : « Papa / maman dit cela, il / elle a sans doute ses raisons mais je ne suis pas d'accord. » Ou bien : « Chez ton père / ta mère, c'est peut-être comme ci, mais chez moi c'est comme ça. »

Si l'enfant ment très ostensiblement, il faut simplement lui faire part de ses doutes : « Je ne pense pas que ce soit cela », sans insister. Cela n'empêche pas de conserver sa position parentale et de maintenir son projet éducationnel. Même si c'est difficile, il faut promouvoir une relation correcte avec l'autre parent, redire à l'enfant : « Tu as le droit de préférer ton père / ta mère, mais tu dois me respecter. »

Si l'enfant refuse de venir lors du droit de visite, que le contact se perd, il faut persister à envoyer des messages, même sans réponse, donner des nouvelles, ne jamais renoncer.

Depuis la séparation d'avec la mère de ses enfants, et un épisode où ses fils avaient fugué parce qu'ils ne supportaient pas sa nouvelle compagne, Jérôme ne revoyait plus ses enfants. Il essayait tant bien que mal de maintenir des liens en leur envoyant un texto ou un mail de temps en temps, mais ceux-ci ne répondaient que rarement et très brièvement.

À la rentrée, Jérôme apprend par hasard que son fils Yohann est en garde à vue pour un vol. Il en est fort surpris, car il sait que ses enfants sont très gâtés matériellement par leur mère. Malgré l'opposition de celle-ci, il se rend à la convocation du juge. Son fils ne donne aucune explication à son geste, et continue à refuser la présence de son père : « Je n'ai rien à lui dire, il ne s'est jamais occupé de moi ! » Il est vrai que Jérôme n'avait pas su détourner l'opposition de la mère pour trouver sa place de père. Sans en être conscient, son fils lui donnait là une occasion de s'en emparer, ce que le juge a entendu.

Les influences externes

Au fur et à mesure qu'il grandit, l'enfant est exposé à d'autres influences que celle de ses parents. La plupart seront source d'identification et lui permettront d'acquérir progressivement son autonomie. D'autres pourront être d'autant plus perturbantes que la cellule familiale ne sera pas suffisamment forte et rassurante pour compenser.

En principe, un enfant ne commence à distinguer fiction et réalité qu'à partir de sept ans, mais pour certains, cela survient plus tard. Tant que le mineur a besoin de s'appuyer sur des figures d'identification, qu'il n'a pas acquis suffisamment d'autonomie de pensée, il reste éminemment malléable et donc manipulable.

Dans leur foyer, les enfants sont soumis à des influences nocives qui passent par la télévision et surtout, de plus en plus, par Internet. À travers le petit écran et les jeux vidéo, les enfants sont exposés à la violence quotidiennement. Cela peut perturber les plus jeunes et influencer leur comportement : on sait en effet que 10 à 15 % des enfants vont imiter ce qu'ils voient[1].

Le harcèlement scolaire

À l'école, les enfants peuvent être manipulés par des camarades et subir ou participer à du harcèlement scolaire (*school bullying*).

Ce sont de petites agressions apparemment anodines mais répétitives, faites de moqueries, d'insultes, d'humiliations ou de tyrannies, exercées par un ou plusieurs enfants agresseurs (« *bully* » en anglais) à l'encontre d'un enfant isolé devenu bouc émissaire. Il ne s'agit aucunement d'une dispute ou d'une bagarre[2] mais bien d'une relation de domination, asymétrique. Les enfants ciblés sont le plus souvent de bons élèves ou bien des enfants timides, manquant de confiance en eux, ou souffrant d'une particularité physique ou d'un handicap.

L'intimidateur est en général un enfant impulsif, ayant un fort besoin de domination et peu d'empathie, avec un très faible sentiment de culpabilité. Le harcèlement scolaire peut être le fait d'un groupe d'élèves conduit par un meneur, les enfants

---

1. Brodeur J., www.edupax.org.
2. Olweus D., *Bullying at School*.

suiveurs, plus passifs, étant entraînés par l'effet de groupe.

Ces agressions peuvent avoir des conséquences graves pour les enfants ciblés avec une chute des résultats scolaires, l'apparition de troubles anxieux, de maladies psychosomatiques ou d'états dépressifs.

On retrouvera plus tard dans la scolarité un phénomène similaire mais beaucoup plus ritualisé : le bizutage.

Le bizutage consiste à forcer une personne à subir ou à commettre des actes humiliants et dégradants lors de manifestations ou de réunions liées au milieu scolaire et socio-éducatif, quel que soit le lieu où elles se déroulent.

Le bizutage est maintenant un délit puni de six mois d'emprisonnement et de 7 500 euros d'amende, et ce, que la victime soit consentante ou non. Les peines sont doublées lorsque les faits affectent une personne fragile physiquement et mentalement.

Avec Internet et les réseaux sociaux est apparu le cyberbullying, qui n'est qu'une variante et un élargissement du harcèlement scolaire. La persécution s'étend au-delà de la cour de récréation et peut être pratiqué en tout lieu et à tout moment. Un jeune sur trois aurait été la cible de harcèlement à travers les réseaux sociaux.

Les réseaux sociaux

Une enquête récente[1] a montré que la moitié des jeunes entre huit et dix-sept ans sont connectés à un réseau social, le premier étant Facebook.

On y apprend que :

– près de 20 % des moins de treize ans sont connectés à Facebook, alors que c'est théoriquement interdit, et ceci avec l'accord de leurs parents dans 93 % des cas.

– À partir du lycée, près de 90 % des jeunes sont sur des réseaux sociaux et s'y connectent tous les jours.

– 31 % des filles de plus de treize ans affirment avoir déjà été victimes d'insultes, de mensonges ou de rumeurs dans un réseau social.

– Plus on a d'amis, plus on a de contacts avec des personnes agressives, or 30 % des jeunes acceptent comme amis des inconnus.

– Les enfants ne se protègent pas assez et livrent beaucoup d'informations personnelles sur les réseaux sociaux. 92 % utilisent leur vraie identité.

– 53 % des enfants ayant plus de 300 amis disent avoir été choqués par des contenus insultants, violents ou racistes et par de la pornographie.

---

1. Sondage effectué en 2011 pour la CNIL (Commission nationale Informatique et Liberté), l'Unaf (Union nationale des associations familiales), Action Innocence (Préserver la dignité et l'intégrité des enfants sur Internet). Visible sur www.jeunes.cnil.fr.

– Quand ils ont été choqués, seuls 11 % en ont parlé à leurs parents.

On apprend aussi par cette enquête que, si les parents surveillent le temps passé sur les réseaux sociaux, ils ne surveillent que rarement le contenu des échanges. Or il faut expliquer aux enfants qu'entrer en contact avec des inconnus, c'est ouvrir la porte à des individus qui peuvent être agressifs ou malhonnêtes.

Il faut leur rappeler des règles de prudence ou de respect de l'autre :

– ne pas tenir de propos agressifs, racistes ou mensongers,

– ne pas faire aux autres ce que l'on ne voudrait pas que l'on nous fasse,

– ne pas mettre en ligne des photos sans avoir obtenu une autorisation des personnes concernées,

– leur redire que, sans paramétrage, tout ce qui est mis sur un réseau social peut être vu et utilisé par tout le monde, et qu'il est difficile, voire impossible, de faire supprimer des photos.

Tout cela n'est pas anodin. On sait aussi que l'exposition à la pornographie marque profondément la mémoire et le psychisme des enfants. L'accoutumance à la vue de rapports où la femme a une image dégradée va venir brider leur imaginaire et conditionner leur vie sexuelle d'adulte. Le corps des femmes deviendra pour les garçons un objet de consommation et d'avilissement.

Quant aux humiliations, aux insultes, aux rumeurs diffusées sur Internet, elles peuvent avoir des répercussions très graves sur le psychisme du jeune.

Le cyberbullying constitue-t-il un abus de faiblesse ? Certainement pas au sens juridique du terme, puisque l'agresseur est un mineur, mais on peut néanmoins s'interroger sur le consentement d'un enfant ou d'un adolescent à mettre sa photo ou à partager des informations sur Internet, quand il est incité à le faire par un camarade ou un groupe.

Cette problématique doit nous amener à poser à nouveau la question des limites, et rappeler que c'est le rôle des parents d'être vigilants et de mettre en garde les enfants, en dépit de toutes les difficultés.

Les adolescents

À l'adolescence, période critique de transformation physiologique et psychoaffective, les jeunes ont besoin d'acquérir de l'autonomie, mais ils ont aussi besoin de limites et de sécurité. Avec Internet, la tâche des parents est devenue plus complexe car les technologies évoluent très vite.

L'adolescence a toujours été un temps d'affirmation de soi où un jeune construit son identité en se confrontant au cadre. Il lui faut s'opposer aux parents pour s'affirmer et trouver la bonne distance relationnelle avec l'adulte, définir ses valeurs propres. Mais actuellement, dans une société qui met en avant l'autonomie et l'indépendance, les jeunes s'opposent aux parents de plus en plus tôt, vers douze ou treize ans. Plus un enfant qui cherche à s'autonomiser se sent dépendant de ses parents, et plus il sera agressif avec eux.

La recherche d'autonomie passe aussi par des transgressions et des prises de risques, comme la consommation de drogues ou d'alcool. De plus en plus souvent, dans les fêtes, des jeunes s'incitent mutuellement à boire un maximum d'alcool en un minimum de temps, parfois jusqu'au coma.

L'adolescence est également une période durant laquelle un jeune va chercher une identification ailleurs que chez ses parents. Il se laissera influencer par ses copains, suivra les normes de son groupe ou portera sa quête identificatoire sur d'autres adultes significatifs qu'il admire ou idéalise. Il peut alors arriver qu'un petit leader pervers vienne le dominer et l'entraîner dans un système pathologique, ou bien que, par le biais d'une emprise intellectuelle, un jeune adhère sans aucun esprit critique à une idéologie, se laissant envoûter par un meneur – tout ce que dira ce personnage sera alors tenu pour une vérité.

Comment développer l'esprit critique de nos enfants ?

On a vu dans l'enquête sur les réseaux sociaux que les jeunes parlent rarement à un adulte de ce qui les a choqués sur Internet, sans doute parce qu'ils ont honte d'avoir été imprudents ou désobéissants. C'est donc aux parents d'ouvrir le dialogue avec eux, de discuter, de les aider à développer leur esprit critique et de leur apprendre à penser par eux-mêmes. Le jugement moral ne s'acquiert que progressivement. Le rôle des parents est d'accompagner leur enfant jusqu'à ce qu'il intègre des normes de conduite lui permettant de juger du caractère normal ou anormal, juste ou injuste, bon ou mauvais d'un comportement.

Si les adolescents ont besoin d'acquérir liberté et autonomie, c'est le rôle des adultes de leur fixer clairement des limites, en particulier en matière de violence physique ou psychologique, et de sexualité.

3. VERS LA SUJÉTION PSYCHOLOGIQUE

> « Je préférais le doute à la vérité,
> même le doute le plus mince, le plus fragile.
> Oui, je préférais cela, car je crois que la vérité
> aurait pu me tuer. »
>
> Philippe Claudel
> *Le Rapport de Brodeck*

Nous l'avons dit et nous y reviendrons, les manipulateurs nous fascinent. Nous les admirons secrètement tout en réprouvant leurs actes, et nous éprouvons beaucoup moins d'indulgence concernant leurs victimes. Certes nous éprouvons de la compassion pour les individus paraissant réellement en situation de faiblesse, comme des personnes âgées, mais les autres, les « gogos » qui se font arnaquer alors qu'on les avait mis en garde, nous les regardons avec dédain. Des personnes qui ont été mises en état de sujétion psychologique, nous tendons à penser qu'elles ont une faiblesse cachée.

À partir de là, on aimerait qu'un profil commun se dégage des sujets ciblés, pouvoir dire qu'on n'est pas comme eux, qu'on ne risque rien, or il n'y a à ce jour aucune étude générale sur le profil psychologique de celles et ceux qui seraient plus susceptibles d'être victimes de manipulation.

Nous l'avons vu, c'est l'habileté du manipulateur qui compte, bien plus que la personnalité de la personne ciblée. Ainsi, même si nous n'observons pas de pathologie chez ces dernières, un manipulateur saura, grâce à sa grande intuition, repérer chez elles une faille. Ce pourra être une fragilité conjoncturelle liée à une séparation ou un deuil, ou bien la fragilité narcissique de quelqu'un soumis à un questionnement identitaire.

Alors, à défaut de définir un profil psychologique des victimes potentielles, voyons quels sont leurs points d'accroche et creusons un peu ce que j'avais commencé à développer dans mon livre *Le Harcèlement moral, la violence perverse au quotidien*[1]. Pour cela nous ferons l'analyse d'un fait divers criminel.

Meurtre par procuration

Dans le fait divers suivant, le mystère ne réside pas tant dans la perversité de la manipulatrice que dans l'apparente normalité du meurtrier manipulé. Il arrive parfois que celui qui commet les actes délictueux ou meurtriers soit activé par un tiers qui en portait l'intention.

Rappelons les faits :
Le 11 mars 1998, le docteur Michel Trouillard-Perrot donnait la mort par empoisonnement au major Jean-Paul Zawadzki,

---

1. Hirigoyen M.-F., *Le Harcèlement moral, la violence perverse au quotidien*, Syros, 1998 ; Pocket, 2000.

mari de sa maîtresse Nicole Prévost. Selon lui, il voulait « délivrer Nicole Prévost du calvaire qu'elle subissait », celle-ci s'étant plainte à lui régulièrement de la violence de son époux.

Histoire du couple

Le docteur Trouillard-Perrot rencontre Nicole Prévost en 1991. Elle l'avait appelé pour soigner sa fille. Jusqu'en 1993-1994 leurs relations sont uniquement médicales mais se font de plus en plus fréquentes. « J'allais le consulter en trouvant toujours une excuse…, déclara-t-elle, je tombais, un bleu, un hématome. » Selon l'épouse du médecin, cette femme appelait plusieurs fois par semaine et consultait à une fréquence similaire, ce qui paraissait normal chez une dépressive. Puis elle est devenue de plus en plus envahissante, lui téléphonant à toute heure du jour et de la nuit, où qu'il se trouve.

En 1993, Nicole fait part pour la première fois à Michel Trouillard-Perrot de violences physiques et psychologiques régulières qu'elle a subies de la part de son mari et aussi, ponctuellement, de deux autres individus qu'il faisait venir comme témoins, ou qui participaient aux agressions sexuelles. Elle affirme avoir engagé des procédures contre les auteurs de violence, sans qu'aucune ait abouti. Elle ajoute également avoir porté plainte à Bourges pour des violences commises sur leur fille.

Le médecin reconnaîtra n'avoir jamais assisté à une agression directe de la part de Jean-Paul sur Nicole, ne l'ayant aperçu qu'une seule fois, sortant un peu énervé de chez lui. Nicole lui avait alors expliqué qu'il venait de frapper leur fille. Ces violences lui avaient été confirmées par les déclarations téléphoniques d'une tante, « la tante Julie ». Il dira aux enquêteurs ne l'avoir jamais rencontrée et n'avoir jamais eu ses coordonnées car c'était toujours elle qui lui téléphonait. Il ne doutait pourtant pas de son existence vu que, à l'occasion des quarante ans de Nicole, elle avait envoyé à sa nièce un bouquet de fleurs par semaine pendant quarante semaines. Lorsque Nicole n'était pas là, elle les faisait livrer au cabinet du médecin.

En novembre 1996, il demande à rencontrer tante Julie et son mari, mais attend en vain pendant deux heures à l'endroit fixé. Le lendemain Nicole lui explique que le mari de sa tante est décédé le jour même du rendez-vous.

Dans ses dépositions, le docteur Trouillard-Perrot déclare n'avoir jamais effectué de constatations médicales relatives aux violences subies par Nicole Prévost, parlant seulement de « coup d'œil médical » qui lui aurait permis de déceler une simulation dans de tels propos. Pourtant, il a rédigé trois certificats médicaux alléguant la présence d'hématomes.

En janvier 1997, se rendant chez Nicole et ne recevant aucune réponse, il entre et la découvre étendue sur le sol. Elle explique qu'elle a fait un malaise à la suite d'un coup de son mari sur la tête. Il lui prescrit un scanner qu'elle ne passe pas et des prises de sang qui se révéleront normales. En mars 1997, elle l'appelle à 2 heures du matin, se dit stressée par une altercation avec son époux et se plaint de douleurs liées à des coups. En avril, elle affirme avoir fait une fausse couche qu'elle attribue à des violences de son mari, mais ne laisse pas le médecin l'examiner.

Un après-midi de juin 1997, il la trouve prostrée chez elle et présentant une bosse qu'elle n'avait pas le matin. Il pense alors que son mari a attendu qu'il parte pour agresser à nouveau Nicole. Mais il ne l'examine pas car il doit repartir pour une urgence.

En juillet, Nicole lui annonce que, alors qu'elle se rendait au tribunal, elle a été blessée à l'épaule par un coup de feu porté par un homme ayant assisté, sans y participer, à une nuit de sévices commis par son mari. Le docteur Trouillard-Perrot ne constate aucune blessure mais Nicole lui rétorque que c'était superficiel et qu'elle cicatrise vite.

Le 20 décembre 1997, Nicole disparaît pendant plusieurs jours, soi-disant enlevée par un homme qui l'aurait emmenée dans le garage de leur domicile, où Jean-Paul aurait abusé d'elle.

Alors qu'ils se connaissent depuis 1991, c'est en 1994 que leurs relations deviennent plus intimes. Lorsque le couple Trouillard-Perrot se sépare, en décembre 1997, Nicole et sa fille s'installent chez le médecin du mardi soir au vendredi après-midi. Nicole préfère retourner chez elle tous les soirs entre 18h et 20h.

L'idée du meurtre serait née dans l'esprit du médecin en février 1998 après une discussion avec Nicole Prévost. L'occasion se présente lorsque Jean-Paul Zawadzki, de retour de mission, demande à sa femme de lui acheter un sirop pour soigner une toux tenace. Le médecin lui prescrit un fort sédatif que Nicole doit lui faire prendre dans un grog ou une soupe. Le but est d'endormir le militaire afin de lui pratiquer une injection de potassium à son insu. Mais malgré une seconde prise de sédatif, Jean-Paul est toujours debout. Devant cet échec, le médecin associe au traitement des bêta-bloquants et un anti-arythmique que Nicole doit faire prendre à son mari.

Quand celle-ci se présente au cabinet du médecin le lendemain pour lui annoncer que cette nouvelle prescription est un échec, elle lui paraît complètement droguée : il croit alors que c'est elle qui a pris les médicaments pour se suicider. Afin de l'empêcher de mettre fin à ses jours, Michel Trouillard-Perrot prépare une solution de digitaline destinée, *via* Nicole, à Jean-Paul.

Le lendemain, ce dernier est pris de vomissements et demande à voir le médecin de garde qui se trouve être le docteur Trouillard-Perrot. Il constate une hémorragie sous-conjonctivale paraissant antérieure à ses prescriptions. Sous prétexte de calmer les douleurs de son malade, il lui injecte une ampoule de potassium. Cela provoque chez le malade des troubles pendant quelques minutes que le médecin justifie par une réaction allergique. Cependant, l'hémorragie sous-conjonctivale s'aggrave et le médecin change le traitement. Il modifie alors son apparence physique en se rasant la barbe et en retirant ses lunettes, afin de n'être pas reconnu par la victime à qui il imposait de vivre dans l'obscurité, en raison de ses troubles oculaires.

Malgré tout, l'état de santé du major Zawadzki s'améliore et, pour éviter l'arrêt maladie, il se rend à la base aérienne pour demander des congés. Nicole continue à se plaindre à Michel de la violence verbale de son mari. Aussi à partir du 4 mars 1998 commence-t-il à administrer à Jean-Paul des sulfamides. Lorsque le malade se plaint de troubles hypoglycémiques comme des sueurs profuses, le médecin lui explique qu'il s'agit probablement d'une poussée hypertensive.

Le soir du 10 mars, Nicole appelle Michel Trouillard-Perrot pour lui dire que Jean-Paul ronfle très fort. Le médecin se rend sur place et constate que le malade est plongé dans un coma hypoglycémique avec encombrement bronchique. Il hésite et propose à Nicole de le réanimer en lui administrant du glucose. Elle refuse, mais comme ces ronflements l'incommodent, il tourne le major en position latérale puis lui fait une injection d'insuline.

Jean-Paul Zawadzki meurt le 11 mars. Le docteur Trouillard-Perrot constate le décès à 15h15.

Après l'événement, Nicole Prévost prend rapidement ses distances vis-à-vis de son amant. Elle se désolidarise de lui, le laissant paraître comme le seul responsable du passage à l'acte criminel. Peu de temps après, elle achète une BMW neuve et fait réaliser des travaux dans son pavillon avec l'argent perçu du contrat décès-invalidité conclu par son époux. Lorsqu'à la suite d'une enquête diligentée à la demande de la famille de Jean-Paul elle sera interrogée, elle donnera une version des faits chargeant le médecin, rejetant sur lui l'entière responsabilité des actes qu'elle a induits.

Pourquoi cette crédulité ?

Essayons de comprendre comment un homme intelligent, dont les experts sont unanimes pour dire qu'il ne présente aucun trouble psychique, a pu « gober » les affirmations de Nicole Prévost sans qu'aucun doute s'insinue dans son esprit ?

Dans la biographie de Michel Trouillard-Perrot il n'y a rien de bien spécifique. Il est le troisième enfant d'une fratrie de cinq, avec un père chirurgien et une mère infirmière. Il qualifie son enfance d'heureuse, malgré le divorce de ses parents à ses dix-neuf ans. Il dira de son père parti retrouver un amour d'étude : « Il est tombé de son piédestal. »

À la fin de ses études de médecine il s'installe à Orgères-en-Beauce où il développe une importante activité de clientèle ; il est également médecin des sapeurs pompiers et participe à des activités syndicales.

Il se marie en 1974 et a trois enfants. Son couple est sans histoires, malgré un manque de tendresse, et sans conflits jusqu'à sa liaison avec Nicole Prévost, qui les mène à la séparation en 1997.

Les experts le décrivent comme un homme dont le niveau d'intelligence se situe dans la normalité supérieure, avec de bonnes facilités de synthèse et d'abstraction. Ils ne repèrent rien en lui en faveur d'une structure perverse ou d'un affaiblissement du sens moral. Les seuls éléments névrotiques retrouvés restent dans la limite de la normale, avec des traits discrètement obsessionnels et un certain conformisme. Les expertises graphologiques font le portrait d'un être anxieux et inquiet de démériter, loyal, soumis à des impératifs de volonté et de raison, réservé dans les relations.

Dans l'établissement de sa relation avec Nicole Prévost, Michel Trouillard-Perrot parle d'un coup de foudre, et pointe l'importance du regard « indé-finissable » de Nicole. Mais, s'il verbalise sa passion, selon les experts il ne laisse pas transparaître une forte participation émotionnelle. L'un d'entre eux note qu'il est resté froid et plein de contrôle à tout moment de l'entretien, conservant une certaine distance. Un autre pointe qu'il décrit les faits à la façon d'un observateur neutre.

Michel Trouillard-Perrot s'est enfermé dans l'illusion d'être aimé et d'aimer cette femme, sans vouloir voir son comportement hystérique et ses manipulations. Il dit avoir découvert progressivement, entre autres par une enquête diligentée par son épouse, que Nicole lui mentait (à propos de sa date de naissance, de sa prétendue filiation naturelle, de l'existence d'un jumeau mort à quinze ans d'une leucémie, de sa possession d'un patrimoine propre, de son métier de directrice de maison de retraite alors qu'elle n'y avait occupé qu'un emploi de secrétaire, de l'engagement d'une procédure de divorce, etc.). En 1995 ou 1996, il procède lui-même à une enquête, mais malgré les mensonges évidents de sa maîtresse, il continue à la croire et ne se détache pas d'elle. Il explique ses regains de crédulité par les explications qu'elle trouvait toujours pour accréditer ses allégations. Il dit avoir eu conscience du caractère chimérique des assertions de Nicole, parlant même de « roman-feuilleton » mais il préférait laisser « le bénéfice du doute à l'amour ».

Le médecin n'a vu que les pansements et n'a entendu que les plaintes car la grande force de Nicole Prévost est de cacher ce qui n'existe pas. Nous retrouverons cette façon de cacher pour mieux montrer chez la mythomane Noa / Salomé, dont nous parlerons au chapitre suivant, mais on peut également la comparer aux cas des stigmatisées chrétiennes. Les témoins des stigmates ne les ont jamais vus se produire directement sous leurs yeux, on pourrait donc dire qu'elles sont fictives. Cela importe peu pourtant, car il y va d'une relation mystique à Jésus.

Il semble qu'effectivement les capacités de jugement et de raisonnement de Michel Trouillard-Perrot ont été altérées par la passion. Face à Nicole Prévost, il a perdu tout sens critique, n'a pas envisagé qu'elle pouvait lui mentir et en a conclu de faux diagnostics. Par exemple, il a mis le stress intense dont elle semblait souffrir sur le compte des violences « subies », et non sur celui de son hystérie.

On peut également penser qu'en tant que médecin, il aurait pu s'alerter du masochisme de sa patiente et en particulier de l'érotisation des soins médicaux douloureux qu'il lui prodiguait (infiltrations au niveau des adducteurs des cuisses, instillations rectales, injection d'anesthésiques locaux avant les rapports sexuels). Il est effectivement singulier que, dans ce qui est censé être une relation amoureuse passionnelle, il n'y ait eu aucune fantaisie ni aucun plaisir sexuel. L'amant parle d'une partenaire momifiée, intouchable, qu'il lui fallait chaque fois réapprivoiser. Il signale que, dans les suites des violences sexuelles qu'elle alléguait, il n'y avait pas de rapport possible pendant plusieurs mois. Alors qu'il était fasciné par le récit des rapports sexuels forcés subis par sa maîtresse, il ne semble pas que leur liaison ait été centrée sur la sexualité : « Ce n'était pas une finalité. […] On était bien ensemble sans rien faire. »

Comme il est typique dans le registre du syndrome de Münchhausen que nous évoquerons plus avant, Nicole Prévost renvoyait le médecin à son impuissance à la guérir. Devant cette situation sans issue, son unique solution résidait en l'élimination du mari violent.

Que dire de la personnalité de Michel Trouillard-Perrot ?

Dans cette relation, le médecin se pose en réparateur et protecteur d'une femme qui souffre. Sa femme, avec qui il a par la suite gardé de bonnes relations, estimait que, épuisé par les conduites manipulatrices de Nicole Prévost, il avait cru les sauver elle et sa fille en commettant ce meurtre. Selon elle, son mari avait perdu toute lucidité en ce qui concernait Nicole, il était comme « illuminé » et ne voulait rien entendre des diverses mises en garde.

L'un des experts émet l'hypothèse, qu'il rejettera ensuite, que Michel Trouillard-Perrot, ayant eu une compréhension intuitive mais en partie refoulée de la situation, se serait autojustifié : il se serait laissé croire à lui-même qu'il voulait délivrer sa maîtresse des violences qu'elle subissait, alors qu'il cherchait à éliminer un rival. Il conclut comme les autres experts que rien dans la personnalité de cet homme ne donnait à penser à une structure perverse ou à un affaiblissement du sens moral.

Hélène Deutsch nous donne peut-être une piste pour comprendre la personnalité « anormalement normale » de Michel Trouillard-Perrot. Dans un article paru en 1934[1], elle décrit un type de personnalité présentant une pseudo-affectivité, les « comme si ». Selon elle, chez ces sujets, on ne remarque rien de pathologique, si ce n'est que leurs relations sont dépourvues de chaleur alors qu'ils se comportent dans la vie comme s'ils vivaient pleinement leurs sentiments. La conséquence de ce rapport à l'existence est une attitude totalement passive envers le monde environnant, ainsi qu'une très grande malléabilité et une disposition à l'identification.

À propos de la suggestibilité de ces patients, Hélène Deutsch écrit : « Elle n'est pas non plus

---

1. Deutsch H., « Un type de pseudo-affectivité ("comme si") » in *Les « comme si » et autres textes,* Le Seuil, 2007 pour la traduction française.

identique à la suggestibilité hystérique. Dans celle-ci, la relation d'objet est une condition préalable tandis que, pour les patients "comme si", la suggestibilité se rapporte à la passivité et à l'identification automatique évoquée ci-dessus. À la lecture des rapports judiciaires, il m'a paru que nombre de crimes, perpétrés par des personnalités absolument pas criminelles jusque-là, n'étaient pas, comme on veut bien le croire, le fait d'une dépendance érotique, mais le fait de cette passivité et de cette capacité à se laisser influencer propres à une personnalité "comme si". »

De ces patients qu'on ne peut ranger dans aucune sorte de névrose, sans pour autant qu'ils soient psychotiques, elle dit encore : « Les tendances agressives des personnes "comme si" ont presque entièrement disparu derrière leur passivité, ce qui en fait habituellement des êtres doux et bons, quoique prêts à n'importe quel mauvais coup. » Elle ajoute : « C'est ainsi qu'un changement dans les identifications peut conduire l'individu le plus docile à des actes asociaux et criminels. »

Manipulé(e)s ou manipulables ?

Ce récit peut paraître exceptionnel, pourtant, dans nos consultations, nous rencontrons des histoires assez semblables, même quand elles ne se terminent pas de manière si dramatique.

Léa, mariée depuis vingt ans et mère de deux enfants, retrouve par hasard Patrick, son premier amour, homme très séduisant qui jouit d'une excellente situation.

La première réaction de Léa est de prendre la fuite ; elle se sent mal à l'aise avec lui et garde un souvenir désagréable de la façon dont il l'a laissée tomber il y a vingt-cinq ans.

Mais il insiste, appelle sans arrêt chez elle, sans se soucier de sa vie familiale, se retrouve comme par hasard sur le même lieu de vacances qu'elle, s'impose sur son lieu de travail. Elle finit par céder bien qu'elle culpabilise de tromper son mari.

Commencent alors plusieurs années faites d'alternance de ruptures brutales puis de tentatives de reconquêtes de la part de cet homme, avec des promesses ou du harcèlement. Il rôde près de chez elle, se poste devant son travail, appelle ses amies, lui téléphone en boucle jusqu'à ce qu'elle décroche, etc. Un jour, il prend même sur lui de téléphoner au mari de Léa pour annoncer leur futur mariage. Léa, furieuse du remue-ménage que cela fait dans sa famille, rompt à son tour. Il tente de la reconquérir en lui offrant des bijoux et des sous-vêtements de luxe.

Elle résiste parfois, cède souvent, mais sa vie se désagrège. Sur le plan professionnel, elle se met en danger, elle qui était irréprochable ne devient plus fiable et elle finit par perdre son emploi. Physiquement sa santé se dégrade, elle présente des crises d'angoisse, des troubles du sommeil, des périodes où elle ne mange pas, d'autres où elle se gave de chocolat, et est en permanence sur le qui-vive. Une amie dit d'elle : « Elle n'avait plus grand-chose à voir avec la personne équilibrée, respectueuse et drôle qu'elle avait toujours été. C'était comme si elle était sous hypnose, transformée en une espèce de marionnette qu'il manipulait. »

Léa finit par divorcer du père de ses enfants et épouser Patrick, mais paradoxalement, c'est à partir du mariage que cette histoire semble s'achever, comme si l'objectif était atteint. En effet, dès lors, il devient odieux, l'injurie sans raisons, la bouscule, la houspille. Le lendemain du mariage, il annule le voyage de noces prévu et lui annonce qu'il ne veut pas qu'elle porte son nom. Alors qu'il avait acheté une maison « pour elle », il refuse qu'elle vienne s'y installer après le mariage, alors qu'elle a résilié le bail de l'appartement où elle résidait avec ses enfants. Elle ne parvient à le récupérer que grâce à l'aide de son ex-mari.

Patrick et elle vivent donc plus ou moins séparés mais lui ne la lâche pas pour autant. Il l'attend dans la rue, la suit où qu'elle aille, et réclame ses droits « en tant que mari ». Comme il avait gardé les clefs de l'appartement de Léa, elle le retrouve parfois chez elle la nuit ou bien décèle des traces de son passage chez elle ou dans sa voiture.

Trois ans après, sous la pression de ses amies, elle se décide à divorcer. Devant le juge, il pleure, se pose en victime d'une femme calculatrice qui a tout orchestré. Léa ne demande rien pourtant, si ce n'est qu'il lui verse pendant un an une indemnité qui lui permette de payer un logement jusqu'à ce qu'elle ait retrouvé un travail. Mais le juge considère qu'ils n'ont pas été mariés assez longtemps et que c'est seulement « l'histoire de deux personnes qui se sont trompées ».

Léa dira un peu plus tard de cette relation : « Il me gavait de mots, m'entretenait dans le flou et le mensonge, déformait les choses, les adaptait à sa réalité. Je lui cherchais des excuses, je pensais que ce n'était pas sa faute, que s'il était comme ça, c'est parce qu'il était manipulé par son ex-femme perverse. » Elle dit aussi : « Il a révélé de moi une part qui ne me plaît pas, m'a amenée à faire des choses que je ne pensais pas acceptables. »

Quelle faille est-il venu chercher en elle ? Léa avance l'explication suivante : « Ma mère avait un comportement proche de celui de cet homme et mon père me demandait d'être très compréhensive avec elle, j'ai donc toujours été d'une conformité exemplaire, bonne fille, bonne épouse, bonne mère. »

Dans un article intitulé « Rôle de la volonté et du pouvoir », Masud Khan, un psychanalyste anglais dont nous reparlerons plus tard – et dont nous verrons pourquoi il connaissait si bien le sujet de la perversité –, raconte une histoire clinique très similaire[1].

Sa patiente lui narre une liaison qu'elle a eue alors qu'elle avait vingt-quatre ans avec un homme beaucoup plus âgé et plutôt laid et quelconque. Peu de temps après leur rencontre, ils ont vécu pendant une semaine une « véritable orgie de plaisirs programmés », mais le comportement de cet homme est devenu par la suite imprévisible. « Il lui téléphonait brusquement pour l'inviter à déjeuner, lui faisait l'amour puis disparaissait complètement. » Cette femme raconte qu'il lui était impossible de résister aux intrusions de cet homme dans sa vie.

Il l'amena à rompre avec son fiancé puis « l'installa dans un petit appartement, sans qu'elle pût jamais savoir d'avance quand il

---

1. Khan M., « Rôle de la volonté et du pouvoir » in *Figures de la perversion*, Gallimard, 1981 pour la traduction française. *Alienation in Perversions*, 1979.

viendrait la voir. Il insistait pour qu'elle conti-
nuât à travailler et, en même temps, il se
moquait de ses efforts et les dénigrait. Il avait
donc atteint son but : il avait réussi à la démo-
raliser et à la faire douter de ses capacités professionnelles, il l'avait rendue totalement
dépendante de lui. » [...] « Le fait d'humilier
sa compagne décuplait diaboliquement la
jouissance sexuelle de l'homme. [...] La
patiente se dépersonnalisait toujours plus, et
en même temps elle était comme envoûtée par
sa position de victime. » Il l'obligeait ensuite
à participer à des parties à trois avec des partenaires antipathiques. « Elle était désorientée
d'avoir pu accepter avec tant d'intensité et de
passivité complice que ces choses lui arrivent
à elle. »

Masud Khan affirme que le tort des psychanalystes est de n'envisager la dynamique en jeu que
du point de vue de l'une des parties. Dans le cas
précédent, « la volonté *active* de l'homme eût été
sans effet si elle n'avait rencontré la volonté *passive*
de la patiente ». Volonté passive due, en l'occur-
rence, à un long accès de dépression de la jeune
femme avant son entrée à l'université. Or, quand
elle a rencontré son amant, elle était très angoissée
à l'idée de sombrer dans une dépression aiguë.
Masud Khan résume cela ainsi : « L'évasion (*break-
out*) dans la perversion était le contraire de la chute

(*break-down*) dans l'incapacité et la dépression aiguë. »

Le livre de Masud Khan, *Alienation in Perversions*, est paru en anglais peu de temps après les premières recherches de Zuckerman sur la recherche de sensation. Celui-ci s'intéressait aux consommateurs de substances psychoactives mais aussi à la pratique des sports dangereux et aux prises de risque en général. Selon lui, l'amateur de sensations est un « individu qui a besoin d'expériences et de sensations variées, nouvelles et complexes dans le but de maintenir un niveau optimum d'activation[1] ». Ceux-ci pourraient rechercher l'effet stimulant d'une conduite à risque pour combattre des états de vide et d'ennui ainsi que le manque d'énergie associé aux états dépressifs.

C'est ce que nous retrouvons au niveau clinique. Une de mes patientes, victime d'un homme particulièrement destructeur, me disait : « Je sais qu'il me fait mal, mais s'il n'est pas là, je suis seule face à mon vide. » Une autre me racontait sur un ton neutre les scènes extrêmement violentes que son compagnon lui faisait vivre, mais poursuivait qu'avec lui, au moins, elle ressentait quelque chose, quand bien même il s'agissait plus souvent de souffrance que de bonheur. La rencontre avec un

---

1. Zuckerman M., Bone RN, Neary R, Mangelsdorff D, Brustman B, « What is the sensation seeker? Personality trait and experience correlates of the sensation seeking scales » in *Journal of Consulting and Clinical Psychology*, 39, 308-321, 1972.

pervers, de fait, par ses transgressions, vient apporter de l'excitation chez une personne ciblée, à plus forte raison si elle se trouve dans un état subdépressif. Cela l'amène à accepter les mensonges et les manipulations, qui viendront la « réveiller » et lui faire vivre des moments intenses.

Catherine Breillat savait que Rocancourt était un imposteur et un escroc, mais elle se pensait à la hauteur, se plaçait au même niveau de jeu que lui : « Il était arrogant. J'étais arrogante. » Elle avait effectivement besoin d'excitation pour ne pas sombrer dans la dépression car depuis un accident vasculaire cérébral en 2005, elle est hémiplégique. Celle qui se qualifie elle-même de « demi-cadavre » cherchait à revivre.

C'est l'ennui ou un mal à vivre qui fait accepter n'importe quelle illusion comme analgésique, et c'est par le mystère que se réalise l'accroche. Si les récits incroyables de ces individus éveillent notre curiosité c'est que, comme Shéhérazade, nous nous demandons ce qu'il y a derrière la porte. Ils attisent notre désir en injectant du suspense dans la relation, ils nous raniment ainsi que le feraient un bon polar ou un film d'Hitchcock. Certes il y a du danger à les suivre, mais on pense qu'on ne risque rien, comme devant un film, qu'on pourra arrêter quand on veut, ou tout du moins contrôler le jeu.

Funeste illusion ! Les pervers nous entraînent au-delà de nos limites, et, passé un certain seuil, il n'y a plus de retour en arrière possible.

Une fois que le poisson est ferré, le sujet ciblé se laisse porter passivement pour ne plus avoir à affronter ses doutes. Comme par magie, le manipulateur sait mieux que lui ce qui lui convient et pense à sa place : « Il n'est pas sans grandeur, il ne va pas non plus sans joie de s'abandonner à la volonté d'autrui (comme il arrive aux amoureux et aux mystiques) et se voir, enfin, débarrassé de ses plaisirs, intérêts et complexes personnels[1]. » Passé une première acceptation, est-ce que les autres ne coulent pas de source ? Souvenons-nous des techniques de manipulation cognitive décrites dans le premier chapitre de ce livre – le doigt dans l'engrenage ou la technique de l'amorçage – : on y a vu que l'engagement peut conduire à une escalade en radicalisant un comportement ou une décision.

Si on approfondit les recherches sur les amateurs de sensations, il semblerait que ces derniers soient plus susceptibles que d'autres de développer une dépendance à une substance psychoactive. Étant donné que les mécanismes de dépendances psychoaffectives sont identiques, on peut penser que le risque d'addictions psychiques – *a fortiori* si elles sont douloureuses – est élevé pour ces individus. En effet, selon Solange Carton, spécialiste française des

---

1. Paulhan J., *Du bonheur dans l'esclavage*, préface à *Histoire d'O* de Pauline Réage, Jean-Jacques Pauvert, 1954.

émotions, ce sont les stimulations à tonalité émotionnelle négatives qui apportent les niveaux d'activation interne les plus forts[1]. Dans tous ces cas il s'agit de créer une dépendance affective de l'autre, de le rendre « accro » à la relation. On est alors dans une véritable addiction à l'autre, du même ordre qu'une dépendance à une drogue. Se met alors en place une relation dissymétrique entre les partenaires, qui provoquera beaucoup de souffrances psychiques pour le sujet dépendant. Celui-ci idéalisera de façon excessive son partenaire et niera ses propres désirs pour chercher à le combler.

Parfois, aussi, la personne ciblée accepte les mensonges par lassitude après un long harcèlement, simplement pour éviter un conflit fatigant dont elle sait d'emblée qu'il sera sans issue. Voici le récit qu'en fait une femme longtemps manipulée par un conjoint pervers narcissique :

« C'était un de ces week-ends d'été sans le moindre souffle d'air. La météo parlait d'un anticyclone bien fixé sur l'Europe. Malgré ces conditions défavorables pour faire de la voile, mon mari était parti en mer, me laissant la garde des enfants.

« À son retour, sa joue était barrée d'une grande trace noire, comme une trace de fouet.

---

1. Carton S., « La recherche de sensations : quel traitement de l'émotion ? », *Psychotropes*, 2005, 3, vol. 11, p. 121-144.

Il m'a dit d'emblée : "Oui c'est difficile à croire mais nous avons eu un grain et j'ai dû mettre le tourmentin. Il a battu et l'écoute m'a fouetté le visage !" Une tempête très localisée, pile là où il était ? Bien sûr, c'était un mensonge, mais je n'ai pas posé de question. J'ai "fermé" mon esprit. Était-ce parce que je savais que si je discutais il me baratinerait une fois de plus et que je finirais par être accusée de faire des histoires, d'être compliquée, parano, hystérique ?

« J'ai tout effacé, comme si inconsciemment je savais que cela me blesserait, et, comme à chacun de ses mensonges, j'ai souri, parlé des enfants et cela a disparu, comme si cela n'avait jamais existé. »

Les personnes, inconsciemment, préfèrent croire à l'histoire qui leur est racontée, bien qu'elles se mentent à elles-mêmes. Elles cherchent à combler leur manque, même avec du faux. Effectivement, si les escrocs qui font miroiter des bénéfices records sont rarement dénoncés c'est, d'une part, parce que les victimes ont honte de s'être fait berner, d'autre part, parce qu'il leur est difficile de mettre fin à leur rêve de richesse :

« Potentiellement SDF, les derniers 200 000, je les ai lâchés légèrement à Christophe comme un joueur mise ses boutons de manchettes en

diamant après avoir perdu sa chemise. Le ver-
tige du joueur, c'est la perte[1]. »

À l'instar des joueurs qui ont beaucoup perdu et
qui espèrent se refaire, plus c'est insensé et plus il
faut continuer : c'est se donner au moins une
chance de n'avoir pas joué pour rien. C'est ainsi
que Catherine Breillat a continué à avancer de
l'argent à celui qui l'avait déjà à moitié ruinée :

« Tout avait chaviré, sauf un paradoxe. Le
Rauque [Rocancourt] représentait l'ultime
sentiment de sécurité avant le vide absolu. Je
n'avais que le choix de le suivre et le voir s'en
sortir. De sa victoire dépendaient la mienne,
et mes remboursements[2]. »

Les mêmes études de Solange Carton en 1995
ont montré que la tolérance aux risques est beaucoup plus élevée lorsque les bénéfices attendus sont
importants. Si on le rapporte aux escroqueries, on
pourrait dire que plus c'est gros, plus ça marche –
nous le verrons à propos de l'affaire Madoff.
Un bon manipulateur saura débusquer les doutes
ou les angoisses de l'individu qu'il a ciblé. Face à
ses choix ou dans ses doutes concernant l'avenir, il
lui proposera un bonheur facile, une solution

1. Breillat C., *Abus de faiblesse, op. cit.*
2. *Idem.*

magique lui évitant de chercher par lui-même sa propre voie. « N'y a-t-il si extravagante chimère que les hommes ne soient prêts à croire pourvu qu'elle leur fasse espérer la fin de leurs tourments ? » À une époque où on nous fait croire que tout est possible, on a du mal à accepter sa médiocrité d'humain, ses amours incertaines, sa petite vie avec ses contraintes professionnelles ou ses fins de mois difficiles. Comment se contenter de ce que l'on a, de ce que l'on est ? Certains préfèrent rêver à tous les possibles, à l'amour absolu, à une immense fortune et ils attendent de ce rêve qu'il vienne les sortir de l'insatisfaction de leur existence.

Dans mon livre *Le Harcèlement moral, la violence perverse au quotidien*[1], j'avais montré que les victimes étaient choisies parce qu'elles acceptaient la séduction et que leur agresseur repérait une faille en elles, le plus souvent dans le registre de la dévalorisation et de la culpabilisation. C'est ce qui les amenait à être trop tolérantes, prêtes à tout comprendre et à tout pardonner.

Julien, victime d'une femme qu'il décrit comme redoutable, nous dit : « Je ne peux pas lui résister. Quand je la vois pleurer, même quand je sais pertinemment qu'elle ment, que c'est de la comédie, je n'arrive pas à ne pas la

---

1. Hirigoyen M.-F., *Le Harcèlement moral, la violence perverse au quotidien*, op. cit.

croire. C'est comme si sa souffrance était plus importante que la mienne, c'est comme si je devais la sauver. »

C'est aussi en raison de leur vide intérieur et de leur manque de limites que ces gens ont une porosité à l'emprise : ne sentant guère la frontière entre eux et les autres, il est plus facile d'empiéter sur leur territoire psychique.

Les études sur les amateurs de sensations vont plus loin et montrent que ces sujets n'auraient qu'une perception très vague de leurs émotions et sentiments et qu'ils chercheraient le danger et la prise de risque pour avoir le sentiment d'exister. Le manque d'émotion est aussi, comme nous le verrons dans le prochain chapitre, une caractéristique des escrocs et autres imposteurs. Somme toute, on pourrait dire que les manipulateurs et leurs cibles se retrouvent pour réguler leur déficit émotionnel.

4. LA SUJÉTION AMOUREUSE OU SEXUELLE

Comme nous l'avons vu avec le docteur Trouillard-Perrot, un certain nombre de personnes justifient leur asservissement au partenaire par l'amour.

On peut effectivement considérer la passion amoureuse comme une forme de folie sans délire qui conduit à un aveuglement, une altération du jugement. Dans son livre *Psychologie des foules et analyse du moi*, Freud compare l'hypnose avec l'état amoureux : « Même soumission humble, même docilité, même absence de critique envers l'hypnotiseur comme envers l'objet aimé. Même résorption de l'initiative personnelle ; aucun doute, l'hypnotiseur a pris la place de l'idéal du moi[1]. » Il constate que, dans l'amour passionnel, le moi de l'amoureux se vide au profit de l'objet qui devient « de plus en plus grandiose ». Selon lui, la passion amoureuse amène une soumission à l'objet, une idéalisation qui fausse le jugement, une perte de tout esprit critique.

La passion amoureuse est de l'ordre d'une croyance et, comme le signale le philosophe Nicolas Grimaldi à propos du fanatisme, « un croyant s'éprouve d'autant plus dispensé de connaître qu'il croit davantage. Il se sent même d'autant moins crédule qu'il est plus croyant[2] ». Le paradoxe de la croyance est bien qu'on la tienne pour d'autant plus vraie qu'elle est plus éloignée de toute vérité. Plus on est crédule et moins on croit l'être. Moins c'est crédible et plus on y croit. À propos de ces

---

1. Freud, *Psychologie des foules et analyse du moi,* in *Essais de psychanalyse* (1921), Payot, Paris, 1985.
2. Grimaldi N., *Une démence ordinaire*, PUF, 2009.

croyances, le philosophe parle d'ailleurs de « démence ordinaire » qui fait adhérer « tant d'hommes épris de vérité aux plus extravagants mensonges et tant d'hommes épris de justice à des régimes de terreur ».

Si une première distinction s'impose entre l'état amoureux, qui est un état narcissique, et l'amour vrai, qui se construit avec le temps, il faut mettre à part l'illusion d'amour que propose un manipulateur pervers. Dans ce cas-là, l'être ciblé tombe amoureux uniquement de l'image que le manipulateur lui donne à voir. Il ne connaît qu'un leurre, un appeau destiné à attirer le gibier ; il est trompé.

Après quelques années de solitude faisant suite à son divorce, Anne, jeune femme sage travaillant dans un métier artistique, se décide à s'inscrire sur un site de rencontres qu'elle choisit pour sa bonne réputation. Dans son annonce, elle dit chercher une relation sérieuse avec un homme libre.

Quelque temps plus tard, elle reçoit un message de David, qui dit avoir été attiré par son profil et sa présentation. Après quelques échanges, il lui fixe un rendez-vous dans un café. Là, il lui parle avec beaucoup de simplicité de sa solitude depuis que sa femme l'a quitté pour un autre et de son travail de dirigeant d'une grande société qui lui laisse peu de temps pour des rencontres.

Ils se revoient, échangent des confidences et leur relation devient plus intime. Chaque fois, il parle beaucoup de lui, ne cache rien de sa vie sociale très active. Au départ elle doute : « Qu'est-ce qu'un homme comme lui fait avec une femme comme moi ? », mais il la rassure et lui démontre que, malgré un travail intense, il peut être disponible pour elle.

C'est tout à fait par hasard qu'elle découvre sur Internet qu'il n'est pas divorcé et qu'il est plus âgé que ce qu'il avait annoncé. Quand elle lui demande des explications, il lui rétorque que ça ne change rien : « D'un côté j'ai une vie familiale, de l'autre j'ai une vie amoureuse. » Anne hésite, puis se dit que David doit tenir quand même à elle car, malgré une vie professionnelle intense et sa famille, il passe beaucoup de temps avec elle. Ils se voient une ou deux fois par semaine et il dort ces jours-là chez elle ; ils vont ensemble au théâtre, à des expositions et même parfois au golf.

Un jour, tandis qu'ils sont ensemble, elle insiste pour qu'ils prolongent ces moments si agréables. Il téléphone alors devant elle pour annuler un rendez-vous professionnel : « Je ne peux pas venir, mon fils a eu un accident de scooter. » Anne est choquée de l'aisance avec laquelle David a proféré son mensonge : s'il ment en invoquant des choses si graves, il doit mentir pour d'autres plus anodines. Elle lui demande dans la foulée s'il continue à se connecter sur le site de rencontres. Il affirme que non, assure qu'il va d'ailleurs se désinscrire et lui donne même son mot de passe.

Leur relation se poursuit, toujours aussi agréable pour Anne jusqu'au jour où, pendant les vacances d'été, il devient étrangement froid, dit craindre qu'elle ne devienne dépendante amoureusement de lui. Il profite alors de leur éloignement géographique pour lui envoyer un SMS marquant une distance. Anne s'interroge. Aurait-il rencontré quelqu'un d'autre ? Comme elle connaît le mot de passe de David, elle se rend sur le site de rencontres et découvre avec stupeur qu'il n'a jamais cessé de chercher d'autres femmes. À toutes il donnait les mêmes renseignements qu'à elle, parlait de sa réussite professionnelle avec les mêmes phrases, citant des articles de journaux où on parlait de lui, évoquait ses lectures (livres qu'elle lui avait recommandés), des pièces de théâtre qu'il avait vues (en sa compagnie), proposant un rendez-vous très rapidement, dans le même café que pour Anne, et faisait en sorte de les revoir assez vite.

Elle découvre avec stupeur qu'elle n'est pas l'unique maîtresse : « Comment fait-il pour voir toutes ces femmes et avoir quand même du temps pour travailler et garder une famille ? » Quand elle essaie de lui en parler, il explique qu'il faut positiver et se définit comme un passeur : « Je passe dans ta vie. »

Anne est furieuse. « Il savait qui j'étais, j'avais bien précisé que je voulais une relation sérieuse avec un homme libre et je constate qu'il m'a menti depuis le début, qu'il ne m'a pas respectée. »

Sous le coup de la colère, elle fait suivre à la femme de David le profil qu'il s'était créé sur le site de rencontres, et, grâce au mot de passe de celui-ci, change sur le site son profil : « profession : buraliste ; taille : 1 m 58 ; poids 86 kg ; chauve ; ne pouvant se passer ni de sa femme ni de son BlackBerry, etc. »

Le soir même elle reçoit un message menaçant de David sur son portable : « Tu vas voir ce que tu vas voir, j'espère que tu as un bon avocat ! » Deux jours plus tard, elle trouve un courrier de l'avocat de son ex-amant, qui lui intime de rendre les documents. Elle se dit prête à le faire en échange d'excuses, ce que bien entendu David refuse : dans cette affaire, c'est lui qui estime être la victime.

Anne ressent cette arnaque sentimentale comme une injustice : « Il a joué avec moi. Il s'en est pris à quelqu'un qu'il savait plus faible. Pour lui les conséquences sont minimes car il a les avocats de sa société, alors que pour moi consulter un avocat représente des sommes conséquentes. Je suis blessée, lui, il est juste dérangé. »

Dans son mépris pour les femmes, cet homme n'avait pas imaginé qu'Anne allait réagir et vouloir se venger. Selon lui, une petite intermittente du spectacle ne pouvait que se soumettre. A-t-il tiré jouissance du rejet qu'il lui a infligé ? Probablement pas. Au fond, Anne lui était indifférente, elle n'était qu'une femme parmi d'autres, comblant un peu de son vide intérieur. Sans doute ne s'est-il pas senti concerné par la souffrance qu'elle a exprimée en le démasquant. En revanche, la colère et la rage l'ont envahi quand il s'est vu attaqué en retour. Il s'est alors posé en victime d'une femme qui faisait des histoires.

Ce récit vous paraît incroyable ? Il est malheureusement tristement banal. Avec Internet, il est possible de mentir en toute impunité, de se cacher derrière des pseudos, de s'inventer une nouvelle vie, une nouvelle identité. L'erreur de David a été son arrogance. S'il s'est fait prendre, c'est qu'il n'a pu s'empêcher d'exhiber sa réussite, de montrer les articles parlant de lui dans les journaux. Trop sûr de lui, il ne s'est pas assez caché.

Dans ces dragues sur Internet, l'autre, malgré les rencontres physiques, n'est que virtuel ; on peut le blesser, le tuer, ce sera à lui, s'il en a l'énergie, d'appuyer sur *reset* pour revivre. La position sociale supérieure de ces hommes (plus rarement de ces femmes) leur donne un sentiment de toute-puissance et les moyens matériels de s'en sortir sans dommages. Derrière ce comportement transparaît un mépris pour les partenaires qu'ils consomment avec indifférence.

Dans les escroqueries amoureuses tout comme dans le harcèlement sexuel que nous analyserons par la suite, les procédés sont strictement identiques. Il s'agit d'amener, par la persuasion plutôt que par la contrainte, une personne à vite accepter une relation intime, afin de profiter d'elle.

Ces individus s'imposent d'abord physiquement en téléphonant fréquemment (Nicole Prévost téléphonait au médecin plusieurs fois par jour), en étant présents en permanence ; ensuite ils s'imposent dans le psychisme de leur cible par un discours envahissant, des mots qui viennent faire intrusion et qui induisent des pensées. Michel Trouillard-Perrot, par exemple, n'a pas su dire qui avait eu l'idée en premier du passage à l'acte meurtrier, mais on peut penser que la volonté de Nicole Prévost a suffi à lui en insuffler l'idée.

Ces procédés sont assez proches du harcèlement par intrusion ou *stalking*. Dans ce type de harcèlement, un individu s'infiltre dans la vie d'un autre, envahit son intimité par des attentions non désirées, que celles-ci soient positives ou négatives.

Le harceleur fait d'abord une fixation sur une personne, puis la suit dans la rue, la surveille, l'envahit de coups de téléphone et de courriels et peut finir par l'agresser. Face à cet envahissement, la victime est d'abord simplement agacée et tente de décourager celui qui apparaît comme un amoureux tenace. Puis la peur surgit quand viennent les insultes et les menaces alternant avec des déclarations amoureuses, jusqu'à ce que la victime se retrouve dans l'impossibilité de réagir parce que ses capacités d'adaptation sont saturées. Le harcèlement par intrusion provient le plus souvent d'un ex-conjoint ou petit ami qui refuse de lâcher son ancienne compagne comme si elle était sa possession, mais ce peut être aussi un état quasi délirant de la part du harceleur. Comme la justice n'apporte aucune solution efficace, la victime est souvent contrainte de déménager, parfois aussi de changer de travail. Alors que dans presque tous les pays anglo-saxons des lois anti-stalking ont été adoptées, en France la police n'intervient pas tant que des faits tangibles ne se sont pas produits et la justice ne prend des mesures d'éloignement que pour une durée très limitée.

Le harcèlement sexuel n'est pas très loin du *stalking*. Là encore, la relation « s'impose » progressivement : le harceleur (précisons que, comme les hommes sont beaucoup plus souvent à l'origine du harcèlement sexuel, j'ai choisi de le mettre au masculin, bien que cela puisse aussi être l'inverse) met la pression sur le sujet qu'il a ciblé afin de lui faire accepter une relation intime dont il pense qu'il ne l'accepterait pas spontanément. Il ne s'agit aucunement de la pression tendre d'un amoureux qui essaie de convaincre ou de séduire un partenaire qui lui plaît, mais bien d'une manœuvre perverse visant à pénétrer le psychisme d'autrui. Il s'agit de mettre la victime sous emprise, c'est-à-dire en état de sujétion psychologique. Certes la limite est ténue entre un homme qui fait une cour acharnée à une femme parce qu'il est amoureux et un homme qui « veut » une femme et l'assaille pour l'avoir. Théoriquement nous pouvons tous faire la différence entre une pression tendre et respectueuse et une pression abusive, et nous devrions résister ; mais il suffit que le harceleur soit particulièrement habile ou puissant, ou que nos limites aient été érodées antérieurement pour qu'il puisse trouver sa voie.

Dans tous ces récits, on constate que la personne cède parce que son psychisme a été saturé par des pressions psychologiques. N'est-ce pas là la définition de la sujétion psychologique ? Il s'agit, tout au moins sur le plan moral, d'un abus de faiblesse, car la relation est inégale.

Laura a été recrutée comme assistante de direction et chef de projet pour une société qu'Yves était en train de créer.

« Dès le départ, Yves m'a mené une vie d'enfer tout en s'arrangeant pour entrer dans mon existence. Pour des raisons d'organisation, il venait souvent me chercher chez moi le matin, et dès qu'il avait un peu de temps libre, je devais déjeuner et dîner avec lui. Je trouvais cela excessif mais je m'efforçais de le banaliser.

« En permanence il faisait des allusions, des remarques ambiguës qui n'étaient jamais assez graves pour que je m'en offusque mais qui, additionnées, constituaient pour moi un véritable piège. Au début je ne réagissais pas, parce que je craignais de paraître trop pudibonde, mais quand ces remarques se sont faites plus directes, j'étais devenue incapable de réagir et je continuais à me sentir coupable de mal les interpréter.

« Assez vite il a tenté de m'embrasser, de me coincer contre un mur de mon bureau. J'ai même senti plusieurs fois qu'il aurait pu avoir recours à la force. J'ai lutté pour qu'il reste à sa place, qu'il ne s'approche pas de moi. Dès que je n'étais plus avec lui géographiquement, les appels sur mon portable étaient continuels, et quand je rentrais le soir il m'appelait systématiquement pendant mon trajet en voiture.

« J'ai voulu résister, je lui ai demandé d'arrêter, mais il n'écoutait pas. "Je sais que tu aimes ça", disait-il. Je continuais à nourrir l'espoir qu'il comprendrait ma souffrance et que tout cesserait, mais il prétendait savoir mieux que moi ce qui était bon pour moi. Il se présentait comme mon sauveur : "Tu fais n'importe quoi dans ta vie, tu as besoin de moi." Il entretenait la confusion, interprétait mes propos, trouvait toujours moyen d'avoir raison. J'étais une proie facile parce que j'étais en quête d'assurance, angoissée à l'idée d'avoir l'air nulle.

« Petit à petit je me suis sentie incapable de réagir. La seule défense que j'avais trouvée était d'être complètement passive, distante, réticente. Je n'avais plus aucun sens critique, tout finissait par me convenir. J'étais épuisée par tout ce qu'il exigeait de moi, par sa présence continuelle, par des discussions sans fin où il parvenait toujours à me convaincre.

« Lors des déplacements professionnels, chaque soir il venait frapper à ma porte. J'ouvrais, terrorisée à l'idée qu'on puisse le voir devant ma porte. Je redoutais aussi sa réaction si je ne lui ouvrais pas, alors je le faisais entrer et je parlais pour repousser le moment où il me toucherait. Selon lui, tout ce qui se passait était normal, seule ma résistance ne l'était pas. Il fallait que je me laisse faire parce que j'aimais ça, disait-il. Usée, fatiguée, j'abandonnais. Je passais le reste de la nuit à prendre un bain pour me laver de tout cela, enlever son odeur.

« Je vivais très mal cette situation car je me sentais coupable d'être "trop belle, trop désirable". "C'est ta faute, tu me fais bander !" Coupable de n'avoir pas pu réagir. J'éprouvais aussi un sentiment de honte de le voir si proche de moi, honte de ne pas réussir à me défendre. J'avais tellement peur qu'il en parle à mon mari, à tout le monde.

« Il m'avait complètement isolée de mes collègues, avait annexé mon bureau. Il passait beaucoup de temps à m'aider à préparer mes dossiers, allant même parfois jusqu'à les rédiger à ma place : il rendait ainsi sa présence nécessaire. Comme il ne me lâchait pas une seconde, tout le monde au travail pensait que nous étions amoureux fous l'un de l'autre. En réunion il parlait pour moi ou bien, si je disais quelque chose, faisait immédiatement une remarque dénigrante ou humiliante. Quand je le tenais à distance il me montrait à quel point il pouvait me nuire dans mon travail, devenait menaçant, froid, blessant, et il me mettait en échec en ne me donnant pas les éléments pour traiter les dossiers. Mes refus, surtout, le rendaient désagréable, voire odieux avec toute l'équipe qui reproduisait alors avec moi de façon mimétique son comportement. On m'accusait d'être responsable de sa mauvaise humeur.

« J'avais maigri, je fumais et buvais beaucoup, j'étais parfois oppressée, fatiguée, angoissée. Je m'étais dédoublée avec, d'un côté ma vie professionnelle avec cet homme qui m'envahissait, de l'autre ma vie privée où je me sentais revivre.

« Je n'ai pu me sauver qu'en tombant malade. Mon médecin m'a mise en arrêt maladie et j'ai tout dit à mon mari. J'ai ensuite donné ma démission. Je suis actuellement au chômage. »

En France, le harcèlement sexuel est défini en matière pénale comme « le fait de harceler autrui dans le but d'obtenir des faveurs de nature sexuelle » (art. 222-33). Cette définition est tellement vague qu'elle peut laisser libre cours à toutes les interprétations. Le terme « faveur » est très ambigu, renvoyant davantage à une relation proche de l'amour courtois où une dame accordait ses faveurs à un preux chevalier qu'à un abus. Alors, pour comprendre ce qu'est le harcèlement sexuel il est plus sage de se tourner vers la directive européenne 2002/73/CE qui le définit comme « la situation dans laquelle un comportement non désiré à connotation sexuelle, s'exprimant physiquement, verbalement ou non verbalement, survient avec pour objet ou pour effet de porter atteinte à la dignité d'une personne et en particulier de créer un environnement intimidant, hostile, dégradant, humiliant ou offensant ». Ce sont donc des attitudes ou des propos tenus par un individu, le plus souvent un homme, vis-à-vis d'un collègue ou d'un subordonné, dans le cadre du travail, en vue de l'amener à accepter des actes sexuels complets ou incomplets (attouchements, baisers), ou à entraîner un malaise chez la personne visée. Toute attention de nature sexuelle non désirée, ou tout comportement qu'une personne sait ou devrait savoir importun, est du harcèlement sexuel. Cela va des plaisanteries offensantes ou des contacts physiques imposés, jusqu'aux avances sexuelles dont on suggère qu'elles seront récompensées par une meilleure note ou une promotion. Il peut s'agir d'un incident isolé ou de plusieurs incidents répétés.

Le mode de harcèlement sexuel le plus fréquent consiste en un comportement séducteur ambigu. Le harceleur se montre d'abord attentionné, presque paternaliste, et se met en quête de confidences. Puis, au fur et à mesure que la victime est déstabilisée et prise dans ses ambivalences, l'approche se fait plus insistante, jusqu'à ce que soient imposés des actes sexuels.

Comme dans tout abus de nature perverse se met en œuvre une première phase de séduction pendant laquelle la femme est désarçonnée. Elle ne peut repérer alors que quelques indices, par exemple une familiarité un peu trop grande de la part d'un collègue ou d'un supérieur. Mais il ne faut pas oublier que certains emplois où la tâche n'est pas bien définie nécessitent un investissement qui empiète forcément sur la vie privée. Où est la limite ?

Le stade suivant consiste en une effraction psychique : le harceleur envahit l'intimité de la femme et de sa vie privée. Il lui demandera par exemple de rester tard le soir, alors même que le travail ne le justifie pas, ou encore lui posera en permanence des questions très personnelles, et, d'une façon générale, s'infiltrera petit à petit dans sa vie[1].

Comme tout cela se passe de façon progressive, la femme est paralysée dans sa défense. Pourquoi réagir aujourd'hui alors que le jour précédent elle n'avait rien dit devant un agissement similaire ? Plongée dans un état de dépersonnalisation, elle se regarde agir comme si elle était à l'extérieur d'elle-même.

La femme est peu à peu mise sous emprise, sa volonté est contrôlée. Elle tarde à prendre conscience de ce qui se passe car le harceleur met en place toute une série de manœuvres destinées à l'empêcher de penser et donc de réagir. Elle ne voit alors pas le piège et ne déchiffre pas son propre comportement : « Je ne comprends pas pourquoi je n'ai pas réagi. » La personne visée peut aussi être déstabilisée par des alternances de gentillesse et d'agressivité, de clémence et de sévérité : « Il me complimentait de façon dithyrambique en privé

---

1. Hirigoyen M-F., postface à *Une histoire de harcèlement*, J J Millas, 2006 pour la traduction française, Galaade Éditions.

puis il me démolissait méchamment lors d'une réunion. »

Vient ensuite le chantage, d'autant plus facilement si l'agresseur est un supérieur hiérarchique. Quand une femme refuse des avances, le harcèlement qu'elle subit devient d'ailleurs très clairement du harcèlement moral. On constate dès lors (selon la définition française du harcèlement moral au travail) « une dégradation de ses conditions de travail susceptible de porter atteinte à ses droits et à sa dignité, d'altérer sa santé physique ou mentale ou de compromettre son avenir professionnel ».

Dans le harcèlement sexuel comme dans la plupart des agressions de nature perverse, c'est la victime qui porte seule la culpabilité de la situation. L'homme ne reconnaît rien et rend la victime responsable de la tension sexuelle qu'il éprouve, laquelle finit par trouver des excuses à l'agressivité du harceleur. La victime se sent seule : soit l'entourage ne voit rien, soit il ferme les yeux pensant que la femme est consentante. Ceux qui pourraient mettre fin à de tels comportements choisissent parfois délibérément de protéger le plus puissant, c'est-à-dire l'agresseur.

Après la liaison de Dominique Strauss-Kahn avec une subordonnée, Piroska Nagy, le FMI s'est contenté de sermonner son directeur pour cette « erreur de jugement ». Pourtant la jeune femme avait dit dans son audition : « Je pense que M. Strauss-Kahn est un leader brillant, qui a une vision pour affronter la crise financière mondiale en cours. C'est également un homme agressif, bien qu'il soit charmant. [...] Je crains que cet homme ait un problème pouvant le rendre peu adapté à la direction d'une institution où des femmes travaillent sous ses ordres. »

Elle avait précisé également : « J'avais le sentiment que j'étais foutue si j'acceptais et foutue si je refusais. »

On pourra toujours expliquer que les femmes n'ont qu'à dire non, un non ferme et définitif. Mais face à de telles pressions, comment résister ? Contrairement à ce qui survient dans une relation de séduction normale, il est très difficile de s'opposer à une relation imposée par du harcèlement sexuel. Même si le chantage à l'emploi n'est pas formulé, les femmes craignent d'être licenciées. Elles craignent aussi les représailles car les menaces font partie du procédé.

Il faut beaucoup de courage pour aller en justice, car dans un procès pour harcèlement sexuel, comme dans un procès pour viol, les défenseurs de l'accusé vont tenter de discréditer la victime : c'est elle qui a provoqué l'homme, elle était aguicheuse, ou bien consentante, et de victime elle se retrouve en position d'accusée. La femme sera de toute façon blessée, on va fouiller son passé, tenter de débusquer ses mensonges ou ses dérapages, exhiber son intimité. Aussi dans une procédure judiciaire les femmes préfèrent-elles très souvent passer sous silence le harcèlement sexuel et n'aborder que le harcèlement moral : elles ont honte. Il est vrai que les deux procédés ont un but commun, humilier l'autre en l'attaquant intimement, et quoi de plus intime que le sexe ?

Comment, par ailleurs, apporter des preuves de non-consentement ? Pour leur défense, les harceleurs avancent souvent l'argument du coup monté, car, comme l'a dit un homme politique accusé récemment, les plaignantes « n'ont pas la capacité personnelle, psychologique et culturelle de faire une telle chose toute seule ». C'est dire que la vulnérabilité de ces femmes lui était connue.

L'exemple suivant montre bien les difficultés de la justice face à ce genre de délit :

M. D., avocat et maire adjoint d'une ville du ressort d'un tribunal correctionnel en Rhône-Alpes, a été condamné pour harcèlement sexuel à l'encontre de Mme R. par jugement du 29 juin 2010[1].

---

1. Selon un communiqué du 7 mars 2011 de l'AVFT (Association européenne pour la violence faite aux femmes au travail).

196

Plusieurs femmes avaient fait état d'agisse-ments à connotation sexuelle de la part de M. D. :

– Deux stagiaires et une salariée au sein de la mairie, toutes trois des femmes seules avec des enfants, dénonçaient notamment des attouchements sur les cuisses et les mains, ainsi que des baisers sur les mains.

– Une cliente de M. D., dont il était l'avocat et qu'il représentait dans ses procé-dures, dénonçait des baisers forcés.

Deux d'entre elles avaient porté plainte et le parquet avait poursuivi, sous le chef de har-cèlement sexuel, les agissements commis par M. D. en tant que maire adjoint. Une seule des victimes s'était constituée partie civile.

Les agressions sexuelles dénoncées par Mme S., sa cliente, qualifiées de « mésaven-tures » par le tribunal, n'ont pas donné lieu à poursuites.

Dans cette affaire, la preuve ne posait pas de difficultés, compte tenu de la pluralité des victimes, des aveux partiels du mis en cause, et de la « constance, [de l'] objectivité et [des] précisions » des violences relatées, jugées, selon le tribunal lui-même, « particulièrement crédibles ».

À partir de la définition de l'article 222-33 du code pénal, qui définit le harcèlement sexuel comme « le fait de harceler, dans le but d'obtenir des faveurs de nature sexuelle », le tribunal reprenant en partie la définition européenne du harcèlement en raison du sexe, s'est interrogé sur cette notion de limite : « Il reste à définir, sans porter atteinte à la liberté des jeux de l'amour, la frontière au-delà de laquelle un comportement est sexuellement harcelant. Une ligne de départ peut s'établir si l'on retient que le harcèlement sexuel est un comportement lié au sexe de la victime, non désiré et subi par elle, et ayant pour elle des effets notamment dégradants ou humiliants. »

Le tribunal a ensuite argumenté sa décision concernant Mme R. :

« Pressentant la fragilité de la victime, qui lui exposait ses espérances d'emploi au sein de la collectivité territoriale, et usant implicitement du pouvoir objectif et subjectif emprunté à sa position de maire adjoint, il réitérait ses attouchements sans tenir compte des refus plusieurs fois répétés de la victime qui lui disait qu'elle "ne couchait pas" ou, selon les termes qu'il rapporte lui-même, qui lui disait refuser de "passer à la casserole". Si les gestes incriminés, enlacement par les épaules, baisers sur les joues, caresses sur les mains et sur la cuisse, restent des atteintes légères, leur réitération et leur cumul sont aggravants et ils n'en constituent pas moins, notamment eu égard au cadre habituel des relations de travail et à la symbolique des pouvoirs de l'autorité communale dont M. D. était investi, des transgressions graves dont la victime ne pouvait que se sentir dégradée et humiliée. »

Mais la décision prise à l'endroit de Mme C. montre bien comme il est difficile pour des juges de fixer cette limite :

« Très précisément décrits par la victime, avec objectivité et constance, les faits n'attirent aucune contestation sérieuse de M. D. S'il reste flou sur les conditions de l'invitation, qui pourraient constituer un piège tendu à l'objet de ses désirs, il reconnaît cependant avoir eu des gestes déplacés, notamment des caresses sur la cuisse, à l'encontre de Mme C., que celle-ci avait immédiatement repoussées, et avoir insisté en commettant l'erreur de penser que le premier refus n'était que de pure forme. Ainsi, l'effet psychologique et moral sur la victime, qui s'est sentie salie par les caresses insistantes et en a pleuré pendant plusieurs mois, ne saurait être dénié, d'autant qu'aucune réparation morale, notamment des excuses, n'est valablement intervenue.

Cependant le contexte des faits, qui se déroulent dans un cadre privé, leur non-réitération, l'absence apparente de relation de domination ou de contrainte, et l'absence de conséquence ultérieure dans le cadre professionnel de la victime n'invitent pas à entrer en voie de condamnation[1]. »

Cette décision soulève plusieurs questionnements qui ont été très bien avancés par l'AFVT : la formulation « l'objet de ses désirs » est ambiguë et peut donner à penser à une relation amoureuse. Effectivement, à la suite de l'affaire DSK, un certain nombre de commentaires dans les médias ont montré qu'il existe chez certains une confusion entre séduction, harcèlement sexuel et violence sexuelle – comme s'il s'agissait d'un glissement dans une continuité. Pourtant, dans le premier cas, il s'agit d'une relation, amoureuse ou sexuelle, et dans les autres, d'une véritable violence.

Cet arrêt conclut que Mme C. a immédiatement repoussé les gestes déplacés, on peut donc en déduire qu'elle n'était aucunement consentante. Il est dit également que M. D. reconnaît « avoir insisté en commettant l'erreur de penser que le premier refus n'était que de pure forme », il était donc pleinement conscient d'abuser. Les juges ont noté « l'absence de relation de domination ou de contrainte » pour étayer leur décision et ont également considéré que les faits se sont déroulés dans un cadre privé puisque les rencontres avaient lieu à l'extérieur. Mais lorsqu'un supérieur hiérarchique invite un subordonné à prendre un café, peut-on refuser ?

---

1. AVFT : Communiqué du 7 mars 2011.

Tout en rejetant la notion de consentement, les juges ont considéré qu'il s'agissait d'une relation consentie entre deux adultes également libres. N'est-ce pas contradictoire ?

Les notions de consentement et de refus ne sont de fait pas interprétées de la même façon par tout le monde. Si les frontières entre la drague admissible et le harcèlement ne sont pas simples à définir juridiquement, une femme victime de harcèlement le « sent » dans son corps, même sans avoir les mots pour en parler. En tant que femme, elle a pu croire qu'elle n'était pas en position de dire non, parce qu'elle n'avait pas les capacités psychiques de se révolter, de partir en claquant la porte, ou bien parce qu'un traumatisme antérieur avait brouillé ses limites. Dans ce cas, l'homme repère ces failles et s'y engouffre. Ne serait-ce pas là un abus de faiblesse, certes pas sur le plan juridique mais sur le plan moral ?

5. L'EMPRISE DES SECTES

L'ajout de « sujétion psychologique » au texte de loi sur l'abus de faiblesse a été rédigé à l'origine pour protéger les victimes de sectes. Mais, paradoxalement, les termes « secte » et « manipulation mentale » n'ont toujours pas de définition juridique. Il n'existe pas d'élément objectif pour dire en quoi une secte est différente d'une religion traditionnelle ou d'un mouvement spirituel ou de pensée, et il est difficile de quantifier le préjudice psychologique qu'elle peut occasionner.

Le rapport de la mission interministérielle de vigilance et de lutte contre les dérives sectaires de 2006 sur la protection des mineurs contre les dérives sectaires[1] en donne cette définition : « La dérive sectaire se caractérise par la mise en œuvre de pressions ou de techniques ayant pour but ou pour effet de créer, de maintenir ou d'exploiter chez une personne un état de sujétion psychologique ou physique, à l'origine de dommages pour cette personne ou pour la société. »

Cela suppose donc la présence de trois éléments :
– la mise en œuvre de pressions ou de techniques pour altérer le jugement,
– l'état de sujétion psychologique,
– des conséquences néfastes pour l'individu ou pour la société.

Hormis la notion de dangerosité pour la société, cette définition ne diffère en rien de celle de la sujétion psychologique déjà évoquée.

---

1. Miviludes, *La Protection des mineurs contre les dérives sectaires*, La documentation française, 2010.

Le rapport de la commission parlementaire de 1995, plus précis, avait listé ainsi les dangers des sectes pour l'individu :
- déstabilisation mentale,
- caractère exorbitant des exigences financières,
- rupture induite avec l'environnement d'origine,
- atteintes à l'intégrité physique,
- embrigadement des enfants.

L'accrochage d'un futur adepte par un gourou ou par ses représentants suit les phases que nous avons décrites dans le chapitre sur l'emprise : séduction, isolement, captation, culpabilisation. Le piège s'est refermé. Pour les lecteurs qui souhaiteraient mieux connaître la psychologie des adeptes, je vous renvoie au livre du psychologue belge Jean-Claude Maes, *Emprise et manipulation, peut-on guérir des sectes ?*[1].

La question, là encore, est celle des limites : à quel moment le libre arbitre devient-il dépendance psychique ?

Un adepte affirme que son adhésion est pleinement délibérée. Certes, mais comme dans tout abus de faiblesse, on peut parler de vice de consentement. « L'adepte se soumet volontairement, sous couvert d'initiation, parce qu'il croit s'engager dans

---

1. Maes J.-C., *Emprise et manipulation, peut-on guérir des sectes ?*, Bruxelles, De Boeck, 2010.

un processus de changement, mais s'en aperçoit quand il est trop tard, c'est-à-dire quand il est devenu dépendant de la secte, que ce qu'on lui donne ne correspond pas à ce qu'on lui avait promis, et surtout, qu'on lui a menti sur ce qu'impliquait son engagement. »

Comme dans tout procédé pervers, difficile de savoir où placer le curseur. Les sectes jouent d'ailleurs avec les limites dans tous les domaines. Où tracer la frontière des mouvements sectaires ? La plupart agissent sous couvert d'associations qui opèrent à la limite de la légalité. Certaines se cachent derrière un masque religieux puisque l'État n'établit pas de différence entre une religion et une secte se disant religieuse. D'autres, et elles sont de plus en plus nombreuses, se retranchent derrière une façade médicale, psychothérapeutique, écologique, culturelle, éthique ou même commerciale.

C'est actuellement dans le domaine de la santé que les dérives sectaires font le plus de dégâts. Par exemple, des médecines parallèles remettent en cause les praticiens traditionnels, proposent d'acheter des produits miraculeux à des prix mirobolants et/ou préconisent d'abandonner tout traitement médical, y compris anticancéreux. Certaines d'entre elles partent du principe que toute pathologie résulterait uniquement d'un problème psychologique : le malade pourrait donc s'autoguérir s'il évite les soins conventionnels. Ces sectes pseudo-médicales sont difficiles à intercepter car elles se

204

fondent dans des médecines douces qui ne présentent aucun danger, et se diffusent très souvent sur Internet à partir de sites hébergés à l'étranger.

D'autres sectes se placent sur le terrain du psychisme. La scientologie propose ainsi un test psychologique et un travail sur soi. Certaines font une large place aux techniques de perfectionnement individuel, en réponse à la demande actuelle des gens qui cherchent à cultiver leur potentiel pour faire face aux exigences du monde du travail. L'explosion du marché du développement personnel et du coaching est devenue pour les organismes sectaires un moyen privilégié de pénétration du milieu de la formation. C'est d'ailleurs ce qui avait amené l'État à vouloir réglementer le titre de psychothérapeute, car les microstructures fondées sur des théories douteuses, pseudo-psychanalytiques, se multipliaient.

Pourquoi des adultes intelligents et cultivés se laissent-ils prendre ?

On s'étonne parfois que des scientifiques, des médecins, se laissent embarquer dans des sectes qui brandissent les assertions les plus farfelues. Paradoxalement, les personnes de très bon niveau intellectuel sont d'autant plus vulnérables qu'elles sont convaincues, du fait de leur rationalité, d'être capables de résister à la suggestion et à la manipulation.

Les sectes ciblent des sujets en recherche intellectuelle ou en fragilité émotionnelle. Comme le pointait le rapport de la commission d'enquête sur les sectes de l'Assemblée nationale, « l'ébranlement des croyances traditionnelles et des grands principes d'organisation sociale a suscité des déceptions et des frustrations et cela a contribué à la multiplication des groupes proposant une explication globale de l'homme, de nouvelles religiosités ».

Peu de recherches ont été faites sur le profil psychologique des adeptes. Seule une étude concernant des ex-membres de sectes a été conduite par Jean-Claude Maes[1]. Selon lui, « les adeptes sont le plus souvent névrosés, alors que les gourous sont le plus souvent états-limites, voire paranoïaques, bref à un niveau de développement affectif moindre ».

Le plus malade des deux n'est donc pas l'adepte mais le gourou.

D'une façon générale, le profil des adeptes des nouveaux groupes religieux est identique à celui de toute victime de manipulation. Ce sont des personnes normales qui peuvent avoir été fragilisées ponctuellement par un épisode dépressif ou des difficultés sociales ou familiales récentes. L'individu le plus solide peut connaître des moments de doute, des questionnements personnels ou des périodes de remise en question.

---

1. Maes J.-C., *Emprise et manipulation, peut-on guérir des sectes ?*, *op. cit.*

C'est ce que confirme cette étude qui montre que la plupart des anciens-adeptes ont vécu l'année précédant leur adhésion un deuil réel ou symbolique. Alors que leur moi était vulnérable, la rencontre avec la secte leur a offert des satisfactions immédiates, du maternage, une ligne de conduite toute faite. Les gourous le savent bien et certains d'entre eux n'hésitent pas à éplucher la rubrique nécrologique des journaux pour y repérer de potentielles recrues.

La fragilité de la personne peut aussi être structurelle. Les tests psychologiques effectués par Jean-Claude Maes sur ces ex-adeptes ont permis de dégager quelques traits communs. On ne peut toutefois dire s'ils constituent un préalable ou s'ils ne sont qu'une conséquence de la manipulation :

- failles dans la capacité à se diriger dans la vie,
- débordements des affects,
- immaturité affective,
- difficultés d'identification sexuelle,
- difficultés de gestion de la vie pulsionnelle,
- difficultés de gestion du manque, de la dépression,
- difficultés d'intégration de la castration.

Le pouvoir des sectes, entre autres, viendrait de ce qu'elles proposent au futur adepte des réponses toutes faites. À une époque où l'individu est de plus en plus responsabilisé, pressé, malmené par des consignes contradictoires, sommé de choisir, il peut paraître reposant de n'avoir plus à décider, de ne plus se sentir responsable de rien. La pensée unique proposée par le discours sectaire vient combler l'adepte en lui évitant tout choix personnel, tout conflit ou toute différenciation. Quelqu'un sait pour lui, quelqu'un a les solutions à tout. Le schéma sectaire est simple : le mal est à l'extérieur, le bien à l'intérieur. Plus besoin de douter. S'il y a eu rupture entre le monde extérieur et la secte, c'est, selon elle, qu'elle est la seule à connaître la Vérité. Donc, en dehors d'elle, pas de salut.

Jean-Claude Maes, à l'inverse, estime que les adeptes potentiels sont à la recherche de respon-sabilités et ce serait pour lui l'un des points d'accroche de la séduction sectaire. On leur pro-mettrait des outils grâce auxquels ils seraient plus responsables vis-à-vis d'eux-mêmes que vis-à-vis des autres.

Mais plus que tout, en faisant appel à des idéo-logies de développement personnel et de réalisation de soi, les nouveaux mouvements sectaires appor-tent l'illusion qu'une meilleure vie est possible, sans conflits et sans limites.

Comment prouver un préjudice ?

Comme dans tout abus de faiblesse, il n'est pas aisé de prouver un préjudice psychologique. Il est plus facile de démontrer que des adeptes ont été dépouillés de leurs économies que d'expliquer la sujétion psychologique. Aussi, à défaut de prouver l'abus de faiblesse, la commission d'enquête sur la situation financière, patrimoniale et fiscale des sectes se concentre sur les budgets, recettes et situations fiscales des sectes répertoriées. C'est ainsi que le 2 février 2012, la Cour d'appel de Paris a condamné deux entités de la scientologie française à 600 000 euros d'amende pour « escroquerie en bande organisée ».

La difficulté pour la justice consiste à repérer puis sanctionner les faits avérés tout en respectant les libertés individuelles et collectives. Le titre du premier rapport rédigé en 1985 par Alain Vivien, à la demande du Premier ministre, résume la question : « Les sectes en France : expression de la liberté morale ou facteurs de manipulation ? »

Comment repérer une dérive sectaire ?

L'observation peut permettre de repérer quelques signes :

– Le groupe développe une idéologie alternative radicale et intolérante.

– La structure du groupe est autoritaire et autocratique derrière un gourou vivant ou une élite restreinte, héritière de son message. Les adeptes sont placés en situation de dépendance.

– Le groupe propose une transformation des sujets excluant l'autonomie.

– Il préconise des ruptures de tous ordres. Ces procédés coupent les personnes de leur entourage familial et amical.

– Il instrumentalise les individus au service du groupe et de ses chefs et les enferme dans une dépendance coûteuse.

– Il exploite les inquiétudes, les peurs et développe la culpabilité.

– Il rend problématique la perspective de quitter le groupe.

Précisons aussi que les sites Internet de l'Unadfi[1] et de la Miviludes[2] peuvent éclairer utilement le lecteur.

Que faire si on pense que son enfant est embrigadé[3] ?

– Ne pas le juger, le condamner trop hâtivement. Lui rappeler que l'on respecte sa liberté d'opinion, même si on en souffre. Lui rappeler vos divergences de vue. Ne pas tourner en dérision ses prises de position même si elles paraissent farfelues.

– Se protéger de ses demandes d'argent, des chantages affectifs. Ne pas céder aux tentatives de

---

1. www.unadfi.org (Union nationale des associations de défense de familles et de l'individu victimes de sectes).

2. www.miviludes.gouv.fr (mission interministérielle de vigilance et de lutte contre les dérives sectaires).

3. D'après le site de l'Unadfi.

séduction qu'il peut déployer pour vous gagner à ses thèses.

– Ne pas le braquer. Attention à ne pas le renforcer dans une paranoïa largement entretenue par la secte.

– Garder le contact. Même s'il ne s'agit que d'échanger des banalités, il faut envoyer des messages à l'occasion des anniversaires ou des fêtes de famille, tout en étant conscient que ces courriers seront probablement filtrés ou censurés.

– Maintenir une fenêtre ouverte sur le passé par des messages indiquant qu'on ne l'oublie pas.

CHAPITRE III

LES MANIPULATEURS ET IMPOSTEURS

« Toute canaillerie repose sur ceci, de vouloir être l'Autre,
j'entends le grand Autre de quelqu'un,
là où se dessinent les figures où son désir sera capté. »
(Lacan, *L'Envers de la psychanalyse*,
séminaire du 21 janvier 1970)

1. QUI SONT LES MANIPULATEURS ?

Tout le monde est capable de manipuler. Certains y excellent. La manipulation ne devient pathologique que lorsque les conséquences sur autrui sont néfastes ou qu'elle s'impose comme un registre exclusif de fonctionnement.

Nous l'avons dit, l'efficacité d'une manipulation dépend moins de la prédisposition de la personne ciblée que de l'habileté du manipulateur. Cette dernière ne relève pas tant chez eux de l'acquis que d'un fonctionnement spontané, résultat de leur trouble de la personnalité. On craint leur malveillance, pourtant, c'est de leur intelligence qu'il faut se méfier. Plus ils sont subtils, plus grand est le risque de se faire piéger, quelle que soit la vigilance de l'interlocuteur.

Parmi les bons manipulateurs, citons certaines personnalités narcissiques tels que les pervers moraux, et, parmi eux, plus particulièrement les pervers narcissiques. Attention toutefois à ne pas taxer trop vite quelqu'un de pervers. C'est une accusation grave, une sorte de marque infamante. Un individu « normalement névrosé » peut recourir à des défenses perverses, mais le glissement d'une relation narcissique saine vers un fonctionnement pervers étant très progressif, à quel moment peut-on parler d'une personnalité pathologique ? Il convient également de distinguer la perversion narcissique des parts ou des défenses perverses qui entrent dans d'autres problématiques psychiatriques.

Enfin, comme nous le verrons dans le chapitre suivant, n'oublions pas que les comportements pervers se sont banalisés. Ils sont devenus une nouvelle norme, au premier plan des pathologies psychiques, et ils y occupent une place beaucoup plus importante qu'à l'époque de Freud.

Quand les classifications françaises, influencées par la psychanalyse, parlent de perversion morale ou de perversion de caractère, la classification anglo-saxonne fondée sur une approche clinique purement descriptive place ces pathologies de caractère entre les personnalités narcissiques et les personnalités antisociales ou psychopathes.

Les personnalités narcissiques sont définies comme suit dans le manuel international des classifications des maladies mentales[1](DSM-IV) : « Mode général de fantaisie ou de comportements grandioses, de besoin d'être admiré et de manque d'empathie qui apparaissent au début de l'âge adulte et sont présents dans des contextes divers, comme en témoignent au moins cinq des manifestations suivantes :

– le sujet a un sens grandiose de sa propre importance (par exemple surestime ses réalisations et ses capacités, s'attend à être reconnu comme supérieur sans rien avoir accompli en rapport),

– est absorbé par des fantaisies de succès illimité, de pouvoir, de splendeur, de beauté ou d'amour idéal,

– pense être "spécial" et unique et ne pouvoir être admis ou compris que par des institutions ou des gens très spéciaux et de haut niveau,

– a un besoin excessif d'être admiré,

---

1. American Psychiatric Asssociation. DSM-IV. *Critères diagnostiques*, Masson, Paris, 1996 pour la traduction française.

– pense que tout lui est dû : s'attend sans raison à bénéficier d'un traitement particulièrement favorable et à ce que ses désirs soient automatiquement satisfaits,

– exploite l'autre dans les relations interpersonnelles : utilise autrui pour parvenir à ses propres fins,

– manque d'empathie : n'est pas disposé à reconnaître ou à partager les sentiments et les besoins d'autrui,

– envie souvent les autres, et croit que les autres l'envient,

– fait preuve d'attitudes et de comportements arrogants et hautains. »

Aux États-Unis, le terme « pervers » renvoie essentiellement à la perversion sexuelle. N'ayant pas de vocable spécifique pour décrire ces individus froids et calculateurs, qui ne respectent rien, ne ressentent ni émotion ni compassion, les Américains parlent de « psychopathes ». Cependant, selon le DSM IV, les psychopathes qui « présentent une tendance à tromper par profit ou par plaisir, indiquée par des mensonges répétés, l'utilisation de pseudonymes ou des escroqueries », sont également des êtres impulsifs et incapables de planifier à l'avance, au contraire des pervers moraux qui savent s'adapter, séduire et surtout bâtir progressivement une stratégie pour piéger l'autre. Cependant, les professeurs Paul Babiak (New York) et Bob Hare (université de Colombie britannique, Canada) considèrent que certains psychopathes peuvent dissimuler longtemps leur maladie en charmant et manipulant leur entourage. Ils ont construit à cet effet un questionnaire en 111 points qui démasque ceux-ci : « Plus le psychopathe est atteint, meilleurs sont son apparence, son charisme et ses talents d'orateurs [...]. Il faut considérer les psychopathes comme des personnes ayant à leur disposition une large palette de comportements : le charme, la manipulation, l'intimidation, tout ce qui est nécessaire pour qu'ils parviennent à leurs fins. »

En France, P.-C. Racamier avait regroupé dans les organisations perverses les différentes formes de perversions morales : « Et si on vient me dire que l'imposture, le faux et usage de faux, l'abus de confiance, la fausseté d'esprit, l'escroquerie financière et morale relèvent de cette perversité-là, je n'en disconviendrai certainement pas[1]. »

Par souci de clarté, nous nous limiterons à la classification française des perversions.

On trouve chez les différents pervers moraux une base commune. Aussi pour simplifier mon propos commencerai-je par décrire leurs similitudes, avant d'insister sur la spécificité de quelques-uns.

---

1. P.-C. Racamier, « Pensée perverse et décervelage », *Gruppo 8, secret de famille et pensée perverse,* Éditions Apsygée, 1992.

Des failles dans l'estime de soi à la mégalomanie

Tout commence par une mauvaise estime de soi qu'il faut à tout prix rehausser. Les pervers moraux présentent tous au départ cette faille, qui, paradoxalement, les conduit à la mégalomanie – c'est-à-dire, finalement, au besoin permanent d'être admirés. Christophe Rocancourt affirme ainsi : « J'aurai passé en tout douze ans en prison, mais on va faire un film sur ma vie, alors ça vaut le coup[1]. » N'ayant pas trouvé dans leur enfance un reflet d'eux-mêmes suffisamment valorisant pour se construire, ils développent une image de soi démesurée et se créent un monde fantasmatique, en accord avec leurs désirs de grandeur et de toute-puissance. Alors il leur faut tricher, faire semblant, mentir, arranger leur biographie, jouer un personnage. Ils se réfugient, selon la terminologie de Winnicott, dans un *faux self*, destiné à protéger leur *vrai self* trop fragile. Ils remplacent leur vide intérieur par une image d'eux-mêmes et miment des émotions qu'ils n'éprouvent pas. Dans un premier temps, ce système est efficace. S'ils sont intelligents, les pervers moraux peuvent parvenir à une relative réussite sociale ou matérielle. Leur imposture peut passer inaperçue dans la vie courante, être même très adaptée à la vie professionnelle. Mais que la

---

1. Selon le site Web de C. Rocancourt.

situation les confronte à eux-mêmes, et leur « fausseté » apparaît au grand jour.

Certains, par peur d'être démasqués, conservent
un grand mystère sur leur passé ; d'autres, sur le
principe de la lettre volée d'Edgar Poe – plus on
montre, plus on cache –, en racontent trop sur un
personnage qui n'existe pas, et que, comme les
mythomanes, ils inventent de toutes pièces.

Des séducteurs et fins stratèges

Pour abuser des autres ou les escroquer, il faut
au préalable les séduire. Cela, les pervers moraux
savent le faire d'instinct. Ils ont une formidable
intuition qui leur permet de repérer la fragilité ou
la vulnérabilité de leur interlocuteur, ou tout au
moins l'angle d'attaque. Catherine Breillat dit ainsi
de Christophe Rocancourt : « Le Rauque est remar-
quablement lucide avec autrui, flairant les vices,
devinant les failles[1]. » En vrais manipulateurs, ils
savent adapter leur comportement mais aussi leurs
positions, leurs valeurs, en fonction des personnes
visées. Quand il le faut, ils feignent la compassion,
« embobinent » leur cible en douceur, endorment
sa méfiance en jouant sur ses pensées et ses sentiments ou en jouant avec les mots. Véritables

---

1. C. Breillat, *Abus de faiblesse, op. cit.*

miroirs aux alouettes, ils brillent pour attirer leur victime, la placent au centre de toutes les attentions, la flattent, la valorisent, l'appâtent avec des promesses enjôleuses.

Pour un manipulateur, la séduction n'est pas amoureuse mais narcissique. Il s'agit de ne pas se laisser prendre. « Être libertin, ce n'est pas seulement séduire. C'est aussi, et surtout, ne jamais être séduit : ne jamais être conduit en un lieu où on ne voulait pas aller[1]. »

Pour comprendre comment fonctionne la séduction chez ces manipulateurs, intéressons-nous au personnage de Dr House dans la série télévisée éponyme :

House est un médecin brillant qui travaille dans le service de diagnostic de l'hôpital fictif de Princeton Plainsboro (en France, on dirait qu'il est interniste).

Contrairement aux méthodes habituelles, House se sert davantage de son intuition que de ses connaissances médicales pour résoudre des cas cliniques difficiles, à l'instar d'un enquêteur ou d'un policier (on dit d'ailleurs que la série est inspirée du personnage de Sherlock Holmes).

---

1. Choderlos de Laclos P., *Les Liaisons dangereuses*, Paris, Gallimard, La Pléiade, 2011.

Il s'est adjoint une équipe de jeunes médecins qui lui sont complètement dévoués bien qu'il les rudoie et les manipule. Quand cela lui est utile, il n'hésite pas à les monter les uns contre les autres, à se moquer de leurs points faibles, à révéler des choses cachées de leur intimité. Par exemple, il prend plaisir à attaquer Forman, son assistant, sur des sujets douloureux comme la toxicomanie de son frère. S'il aboutit à un diagnostic, c'est grâce aux tâtonnements et aux erreurs de son équipe, pourtant, c'est toujours lui qui en récolte la gloire, car il s'arrange toujours pour mettre en avant son intelligence.

Envers les patients, il ne respecte aucunement les règles de déontologie. Pour étayer ses hypothèses, il les transforme en cobayes, transgresse les codes, leur fait prendre des risques vitaux et passe souvent outre les autorisations de ses supérieurs. En somme, tout le contraire d'un bon médecin, sans aucune considération pour qui que ce soit.

D'une façon générale, House est arrogant, cynique, parfois méchant et il manie provocation et mensonge. Sa petite phrase fétiche n'est-elle pas « *Everybody lies* », (« tout le monde ment ») ? House, enfin, est toxico, dépendant au Vicodin.

Lisa Cuddy, la directrice de l'hôpital, pourtant amoureuse de lui, le résume assez bien :

221

« Pour vous, les gens sont des cobayes pour vos petites énigmes… Ceux que vous recrutez, vous les pourrirez comme vous avez pourri James [le mari d'une de ses assistantes]. Vous l'avez détruit, il ne distingue plus le bien du mal. »

Au-delà de la fiction, voilà le portrait typique d'un pervers moral, dont le charme – qui explique le succès de la série – n'est pas sans nous interroger…

Dr House nous séduit, nous, spectateurs, d'abord par son atypicité et son intelligence. Ses provocations nous réveillent, il nous tire de l'ennui. De fait, il ose être ce que nous, nous n'osons pas. Si son équipe le supporte et s'il nous charme, c'est aussi parce que, derrière cette méchanceté, on imagine une blessure – peut-être liée à sa boiterie –, probablement due à une histoire familiale douloureuse. Sans rien savoir de sa biographie, on a envie de l'aider, de le réparer, comme le font en permanence Lisa Cuddy et James Wilson, son ami, chef du service d'oncologie, ainsi que les médecins de son équipe.

Lorsque les producteurs ont adouci les traits de Dr House, qu'ils l'ont amené à douter et à se remettre en question, le charme a moins bien opéré. Que faut-il en conclure ?

Mensonges et langage perverti

La capacité de séduction puis l'embrigadement des pervers moraux se fait avant tout à travers le langage. Ces derniers savent tordre les mots pour troubler leur interlocuteur et parvenir à leurs fins.

Habituellement, entre l'intention de l'émetteur et ce que perçoit le receveur, les mots subissent une certaine dérive – c'est d'ailleurs toute la difficulté de la communication humaine –, mais chez les pervers moraux, les messages sont délibérément déformés dans un but conscient ou inconscient de manipuler l'autre. L'échange, unilatéral, repose entièrement sur l'évitement : les manipulateurs donnent des explications embrouillées qui empêchent de penser, de poser des limites. Ils paralysent ainsi le jugement de l'interlocuteur afin que celui-ci ouvre lui-même sa porte mentale à un contenu qu'il n'aurait jamais approuvé autrement. C'est ce que dans un précédent livre j'avais qualifié de « communication perverse[1] ».

Qu'ils soient mythomanes, escrocs ou pervers narcissiques, ces sujets deviennent vite experts en mensonge. Aux mensonges directs, ils privilégient les mensonges partiels avec des déformations infimes de la vérité. Ils utilisent alors un assemblage de sous-entendus, de non-dits, de réponses biaisées,

---

1. Hirigoyen M.-F., *op. cit.*

vagues et imprécises. Ce qui leur importe c'est, comme des funambules, de retomber sur leurs pieds. Ils profèrent parfois des mensonges si énormes qu'ils sont crus.

D'une façon générale, ces individus se moquent pas mal de ce que l'interlocuteur peut penser : ils espèrent le faire douter en le regardant droit dans les yeux, même si l'histoire est invraisemblable. La notion de vérité importe peu pour eux : c'est ce qu'ils disent dans l'instant ou ce qui les sauve d'une situation embarrassante qui est vrai. Ils mentent pour éviter de se remettre en question ou pour faire taire leur interlocuteur. Contrairement à un individu moyen, ils ne ressentent pas d'émotion particulière à tricher ainsi, car dans leur esprit les faits n'existent pas. Tout est révisable, il n'y a pour eux ni référence ni vérités.

Leurs paroles apportent du rêve et opèrent parallèlement une prise de pouvoir. Contrôler le langage, en effet, est une façon de contrôler la pensée. Leur discours, comme la Novlangue dans le roman d'Orwell[1], empêche l'expression de pensées critiques, ou même, pour être plus exact, l'idée seule de critique.

---

1. Orwell G., *1984*, Gallimard, 1972.

Besoin de l'autre et collage

Conséquence de leur mauvaise estime de soi, ces pervers moraux ont un énorme besoin des autres pour se compléter, mais ils les utiliseront en fonction de leurs intérêts : « N'importe quelle détresse est la sève dont il [Rocancourt] se fortifie[1]. »

Pour bien accrocher leur cible et l'assujettir, ils vont l'envahir, lui refuser toute distance propice à un esprit critique. C'est ainsi, comme nous avons pu le voir à propos du harcèlement sexuel, qu'ils mettent une pression considérable sur la personne ciblée, lui téléphonant souvent, se plaçant délibérément sur son chemin, passant la voir à l'improviste, jusqu'à ce qu'elle finisse par céder. Ils envahissent son territoire psychique par des appels incessants, des sollicitations, des messages, jusqu'à ce qu'elle concède une acceptation même minime. « Lui [Rocancourt] pensait qu'il ne fallait pas lâcher les gens d'une semelle, sinon ils vous oubliaient[2]. »

Les pervers pratiquent souvent le harcèlement verbal, avec un discours de ressassement intense, porté par un effet de crescendo, des ruptures de ton, une accentuation des mots clefs. Leur message a beau être faux, il devient au bout d'un moment vérité sous le poids des paroles répétées sans fin, qui empiètent sur les limites de la victime jusqu'à

---

1. Breillat C., *Abus de faiblesse, op. cit.*
2. *Idem.*

225

lui faire perdre ses repères. Cette pression peut aboutir à un véritable harcèlement par intrusion, le fameux *stalking* déjà évoqué.

C'est par cette pression que les pervers envahissent le psychisme de leur interlocuteur au point d'en constituer une sorte de double, ou plus exactement une doublure, qui doit assumer à leur place le risque de leurs actions.

La romancière américaine Siri Hustvedt, dans son livre *Élégie pour un Américain*[1], décrit un personnage narcissique qui harcèle ses cibles en les prenant en cachette en photo :

« Il prétendait volontiers qu'il n'était pas ambitieux, que réaliser son œuvre était la seule chose qui comptait, mais il passait un temps fou à se créer des relations et à se faire remarquer, mine de rien. Et il avait toujours un appareil photo. En général il demandait aux gens, s'il n'avait pas le choix, mais pas toujours. Il adorait prendre des gens célèbres. Mi-artiste, mi-paparazzi. Il vendait ses photos aussi. »

En volant les apparences, ce personnage en *faux self* se créait ainsi une identité.

Pour les pervers moraux, la manipulation est un jeu dont le but est de gagner sur l'autre. Il leur faut

---

1. S. Hustvedt, *Élégie pour un Américain,* Actes Sud, 2010.

obligatoirement un partenaire, si possible à la hauteur. L'objectif doit être difficile à atteindre, exiger du suspense : « À vaincre sans péril, on triomphe sans gloire », écrivait déjà Corneille. Ils avancent alors leurs pions avec froideur, mettant en œuvre instinctivement toutes les stratégies décrites plus avant, n'hésitant pas à dévoyer l'autre si cela favorise leurs plans.

Dans tous les cas, il leur faut rester maître du jeu. Si les choses ne se passent pas à leur guise, ils peuvent recourir à l'agression. Certes leurs escroqueries constituent en soi des violences, pourtant, cela peut aller plus loin encore. Catherine Breillat raconte bien comment Rocancourt a été capable de menaces et d'intimidations

Absence de sens moral

Dans ce combat pour s'emparer du psychisme de l'autre, les pervers ont forcément l'avantage car ils ne sont pas encombrés par leurs émotions. Ils font porter aux autres la souffrance et la culpabilité qu'ils ne ressentent pas. Ils ne connaissent pas les limites posées par un interdit moral puisque pour eux l'autre n'existe pas en tant que personne digne de respect ou de compassion, mais seulement d'objet utile, de pion à déplacer.

S'ils n'éprouvent pas de culpabilité, ils sont très habiles à culpabiliser les autres, par un phénomène de transfert. Il y a chez la victime une introjection de cette culpabilité (« Tout est ma faute ! ») tandis que le pervers réalise une projection hors de lui-même en rejetant tout sur l'autre (« C'est sa faute ! »).

La conjonction de leur capacité à mentir, de leur manque de scrupules et de leur aisance dans les relations sociales donne à ces pervers moraux un culot monstre qui leur permet d'approcher les plus grands, d'attirer leur confiance, et parfois d'acquérir un train de vie somptueux, sans aucune mesure avec ce qu'ils ont pu gagner. Leur force de persuasion est incroyable. Leurs victimes sont amenées à faire exactement ce qu'ils veulent, avec l'impression de ne pas pouvoir faire autrement : « Je ne le voulais pas, mais j'ai fini par accepter. »

2. LES MYTHOMANES

> « Il aurait avalé un renard, la queue dépasserait,
> il dirait encore que ce n'est pas vrai. »
> La mère nourricière d'Émile Louis lors de son procès.

En 2008 apparaît sur le Net un blog intitulé « leucémie-2008 ». Noa, une jeune fille de dix-sept ans, y raconte sa maladie, déclarée quand elle avait dix ans, et qui récidive. Noa est joyeuse, sportive, brillante sur le plan scolaire et de religion juive. Ce blog attire des milliers d'internautes, essentiellement des malades de cancers ou de leucémie, d'anciens patients et quelques infirmières.

Sur ce blog, Noa raconte ses joies, ses espoirs, ses moments de découragement, jusqu'à sa mort en février 2009. Peu de temps avant sa disparition, son blog est repris par sa sœur jumelle, Salomé, et par Alex, le fiancé de Noa. Salomé raconte qu'Alex a demandé la main de Noa sur son lit de mort. Elle envoie alors un faire-part de mariage par la poste aux amis de sa sœur connus à travers le Web. À la mort de Noa, Salomé fait réaliser par ses amis du Net un faire-part de décès : la photo d'une personne sautant à ski, doublée du commentaire « Noa a sauté tellement haut qu'elle est sortie du cadre ».

Depuis la mort de sa sœur, Salomé a ouvert son propre blog. Elle y retrouve tous les amis de sa sœur et noue avec eux des contacts dans la « vraie vie ». Elle passe ainsi quelques jours de vacances avec Perrine – une ancienne patiente qui a raconté son combat contre la maladie dans un livre, *Trop jeune pour mourir*, et ira dormir une autre fois chez Audrey, une infirmière. En mai 2009, elle apprend à ses amis qu'on vient de lui diagnostiquer une aplasie médullaire. À son tour elle va parler de sa maladie, compliquée par une insuffisance rénale,

puis un cancer du genou. Comme elle est coura-
geuse, elle raconte aussi ses activités sportives, le
ski, les séjours à la mer pour se changer les idées.
Des chaînes de solidarité se créent autour d'elle,
ainsi que des groupes de prières à l'invitation de
rabbins.

Pendant l'été 2010, Salomé fait plusieurs arrêts
cardiaques et les médecins de Lausanne, où elle se
fait soigner, ne savent pas s'ils vont pouvoir la
sauver. Elle décide alors de transférer son dossier
médical à Metz afin d'être suivie près de chez elle.
Un médecin français lui prescrit une hospitalisation
à domicile et une infirmière vient deux fois par
jour pour l'aider à sa toilette, même si, dans sa
volonté d'être autonome, Salomé préfère changer
son cathéter toute seule. Elle lance des appels aux
dons pour s'acheter des nounours, des BD et même
un voyage à Disneyland. Son petit ami Ruben
bombarde de SMS inquiets les amis de Salomé.

Mais tout cela est faux. En février 2011, après
trois ans de mensonges et d'impostures, Salomé est
démasquée. En juillet 2010, elle se rend sur le blog
d'une amie qui dispose d'un « tracker » (un logiciel
qui permet de localiser géographiquement l'ordinateur de la personne qui se connecte). Celle-ci
découvre que Salomé est connectée à Toulouse
alors qu'elle prétend être en soins intensifs à Lausanne. À partir de là, ses amies virtuelles vont
enquêter et découvrir la supercherie. Noa n'a

jamais existé, Salomé ne s'appelle pas Salomé et elle n'est pas juive.

De sa biographie on sait peu de choses : une scolarité médiocre, une jeune fille peu sportive, qui, dans la vie, n'a pas d'amis. Elle vit seule à Metz pendant la semaine car ses parents travaillent à Paris. On découvre qu'en 2007 elle s'était déjà fait passer pour gravement malade sur un forum Internet. À l'« ami(e) » qui téléphonait pour vérifier la véracité de ses dires la mère aurait répondu que sa fille avait l'habitude de raconter n'importe quoi.

Pourquoi les internautes se sont-ils laissé duper ? Serait-ce en raison d'une vulnérabilité particulière ? Les amis virtuels de Noa / Salomé étaient essentiellement des femmes, pour la plupart fragilisées par la maladie ou un métier de soignant. Pourtant certains ont douté. Perrine, par exemple, s'est étonnée que Salomé ne paraisse pas affligée du décès de sa sœur, puis elle a chassé ses doutes en se disant que Salomé avait sans doute une très grande force de caractère. D'autres ont été surpris de voir une cancéreuse voyager, faire du sport et même faire les boutiques avant Noël. Mais face aux questions Salomé se justifiait avec beaucoup d'aplomb, envoyait des photos d'elle prouvant sa maladie, avec des cathéters sortant de sa poitrine (en fait seulement scotchés), des photos de son genou dans une attelle ou de ses caisses de médicaments, etc. Ils se sont alors culpabilisés : comment douter d'une mourante ? « Salomé » possédait aussi une incroyable connaissance des maladies, se montrait précise sur chaque examen subi, sur les résultats, les traitements (précisions qu'elle allait chercher sur Internet).

Alors qu'elle était censée être soignée au CHU de Lausanne, elle a même créé de toutes pièces un faux dossier médical en falsifiant des documents trouvés sur le Web. Un rabbin ukrainien a accepté de l'aider en lui convertissant des fichiers informatiques dont elle userait à sa guise. Il était persuadé de faire œuvre de générosité en lui permettant de transférer un dossier médical qui lui assurerait des soins en France. Par la suite, un médecin de Metz lui prescrira ses médicaments pour sa chimiothérapie, dupé lui aussi, et fera pour elle une demande d'hospitalisation à domicile.

Noa / Salomé est mythomane. Le terme de « mythomanie » fut créé en 1905 par Ernest Dupré, médecin-chef de l'Infirmerie spéciale, pour désigner « la tendance pathologique, plus ou moins volontaire et consciente, au mensonge et à la création de fables imaginaires (fabulation), à l'imitation d'états organiques anormaux (simulation) ».

Un mythomane, que l'on pourrait qualifier de menteur compulsif, déforme la réalité pour ne pas souffrir. Le mensonge agit chez lui comme un calmant de ses angoisses.

Chez un vrai mythomane, le mensonge est une finalité en soi, alors que chez les pervers ou les escrocs, il a pour but de tromper l'autre, afin d'obtenir de lui quelque chose. Dupré parlait dans ce cas de mythomanie maligne. On retrouve dans cette catégorie tous ceux qui cherchent à nuire à autrui à travers des médisances, des lettres anonymes, des écrits mensongers ou des dénonciations calomnieuses. Ce sont également eux qui pratiquent les fausses allégations de harcèlement moral ou sexuel.

Dupré distingue également la mythomanie vaniteuse, dont les récits affabulatoires ont pour but de séduire ou d'éblouir, sans intention de nuire à l'autre. Les exemples les plus typiques sont littéraires : *Tartarin de Tarascon*, de Daudet, *Le Menteur*, de Molière, etc. Mais on connaît tous des vantards qui réussissent tout mieux que les autres, fréquentent des personnages importants ou accomplissent des exploits sportifs remarquables.

Cependant, la limite entre ces différentes formes de mythomanie n'est pas si nette. La mythomanie, en effet, est davantage une tendance défensive, parfois prédominante, qui vient se greffer sur une pathologie narcissique. Il s'agit de se rehausser, et toujours plus ou moins aux dépens d'autrui.

Chez un mythomane, il y a une distorsion permanente de la réalité car ce dernier trouve plus de sens et de cohérence dans ce qu'il invente que dans son existence. Il préfère croire sa réalité construite et fictive plutôt que celle, objective, de l'extérieur. Comme le dit Blanche DuBois dans *Un tramway nommé désir*[1] : « Je présente les choses autrement que ce qu'elles sont. Je ne dis pas la vérité ; je dis ce qui aurait dû être la vérité. »

La force de séduction des mythomanes

La force des mythomanes consiste à raconter ce que leur interlocuteur aimerait entendre ou ce qu'il s'attend à entendre. Si ça marche, c'est aussi que leurs mensonges sont beaucoup plus excitants que la banale réalité. Ils apportent du rêve.

Misha Defonseca a raconté dans *Survivre avec les loups* sa traversée de l'Europe en guerre aux côtés d'une meute de loups, à la recherche de ses parents déportés par les nazis.

C'était une belle histoire, mais, contrairement à ce qu'en disait l'auteur, complètement imaginaire. Misha Defonseca ne s'appelle pas ainsi et elle n'est pas juive. Elle a fini par avouer qu'elle s'était raconté depuis toujours une autre vie. Elle a été démasquée d'abord par des historiens de la Shoah puis par un spécialiste des loups. Sa seule cousine survivante a pointé que Monique, puisque tel est

---

1. Williams T., *Un tramway nommé désir* (1947), 10/18, 2003.

son vrai nom, racontait déjà toute petite des histoires. Était-ce parce que son père était considéré comme un traître ayant dénoncé les hommes de son réseau de résistance ?

Malgré la révélation de la supercherie, un film a été tiré de cette histoire. Ce récit aurait-il eu autant de succès s'il avait été présenté dès le départ comme une histoire fictive ?

Se poser en victime pour exister

Dans le cas précis de Noa / Salomé, il s'agit d'une forme particulière de mythomanie appelée pathomimie. Ce terme a été créé en 1908 par Paul Bourget et Dieulafoy pour désigner un « état morbide voisin de la mythomanie, caractérisé par le besoin qu'éprouvent ceux qui en sont atteints de simuler une maladie, parfois même au prix d'une automutilation ».

Le plus souvent, l'histoire médicale alléguée par le patient a un caractère vraisemblable, et présente une maladie au diagnostic délicat plutôt qu'un symptôme isolé. C'est pourquoi les médecins se font duper (rappelons-nous Nicole Prévost face à Michel Trouillard-Perrot).

Parmi les pathomimies, le syndrome de Münchhausen est un trouble factice d'allure aiguë amenant les médecins à prescrire des médicaments inadaptés, à lancer des investigations inopportunes ou commettre des actes chirurgicaux inutiles. Le terme a été inventé par Asher en 1951, qui s'est inspiré d'un roman d'aventures écrit au XVIIIe siècle. Rudolf Erich Raspe y raconte les histoires invraisemblables d'un personnage réel, le baron Hieronymus Von Münchhausen[1].

Il y a chez ces pseudo-malades une jouissance perverse consistant, d'une part, à se poser en victime, et d'autre part à mettre les autres et en particulier les médecins en échec. Derrière cette pathologie se cache en réalité une grande demande d'amour. Dans la biographie de ces patients, on retrouve souvent une carence affective et des rapports très précoces avec la maladie ou l'hôpital, ayant apporté un surcroît d'attention de la part des parents ou des soignants.

Les mythomanes mentent pour être reconnus sur le plan identitaire. Leurs mensonges sont des cache-misère : ils cherchent à s'inventer un reflet flatteur pour se consoler de ne pas être ce qu'ils aimeraient être. Ayant une image dévalorisée d'eux-mêmes, ils se posent en victimes pour accaparer l'attention de l'autre et le séduire. Si Noa / Salomé se fait passer pour juive, c'est pour renforcer son apparence de victime car si ses plaintes concernant la maladie

---

1. Raspe R. E, *Aventures du baron de Münchhausen*, trad. de Théophile Gautier fils, Le Livre de poche Jeunesse, Paris.

n'avaient pas suffi, elle aurait pu mettre en avant l'antisémitisme. Elle suivait en cela le modèle de Marie-Léonie Leblanc qui, en 2004, avait simulé une agression dans le RER.

Elle avait raconté que l'agresseur du RER lui avait déchiré son T-shirt avant de lui dessiner trois croix gammées sur le ventre et de lui couper une mèche de cheveux. M. Chirac, président de la République, et M. de Villepin, Premier ministre, avaient réagi très vite en dénonçant ce crime raciste. Ils promirent de tout mettre en œuvre pour retrouver les agresseurs. Mais les caméras n'avaient enregistré ni la jeune femme ni les agresseurs. Marie-Léonie, reconnue coupable de dénonciation de délit imaginaire, fut condamnée à quatre mois de prison et obligation de soins.

Des mensonges qui finissent mal

En 1993, un fait divers révélait au grand jour l'incroyable mensonge de Jean-Claude Romand. Rappelons les faits :

En janvier 1993, Jean-Claude Romand tue son épouse, ses deux enfants, ses parents et son chien avant de manquer son suicide en mettant le feu à la maison familiale. Faux médecin et faux chercheur à l'Organisation mondiale de la Santé (OMS), Romand a menti pendant dix-huit ans à ses amis et à toute sa famille. Il a réussi à extorquer, en plusieurs fois, plus de 2,5 millions de francs à sa belle-famille et à ses propres parents. C'est au moment où il allait être découvert par un créancier qu'il a commis ce quintuple crime. Il a été condamné le 2 juillet 1996 à la réclusion criminelle à perpétuité.

L'écrivain Emmanuel Carrère a fait le récit de cette longue supercherie dans son livre *L'Adversaire*[1].

Jean-Claude Romand dit avoir menti très tôt pour donner le change afin de ne pas tracasser sa mère. « Quand on est pris dans cet engrenage de ne pas vouloir décevoir, le premier mensonge en appelle un autre et c'est toute une vie. » On peut quand même se demander s'il n'était qu'un simple imposteur débordé par ses mensonges ou s'il a commis un crime crapuleux. En effet, lors de son procès, un doute a plané sur la mort de son beau-père, tombé de l'escalier de la maison où il se trouvait seul avec son gendre, à qui, du reste, il avait confié ses économies (qu'il avait dépensées).

---

1. Carrère E., *L'Adversaire*, POL, 2000.

Cet homme présente incontestablement les caractéristiques d'un pervers moral dont un *faux self* avec une faille dans l'estime de soi. Les experts psychiatres qui l'ont examiné ont été frappés par « son souci constant de donner de lui-même une opinion favorable », le décrivant comme « un robot privé de toute capacité de ressentir, mais programmé pour analyser les stimuli extérieurs et y ajuster ses réactions ». À plusieurs reprises, il a répété à Carrère venu l'interviewer : « Je faisais comme si. » Son comportement parfaitement « normal » après le meurtre de sa femme et de ses enfants le conduit à cette interrogation : « Est-ce que je l'ai fait pour nier la réalité, pour faire comme si ? »

Mentir est un art difficile, exigeant, acrobatique. Il faut séduire, baratiner, se rattraper, sous peine d'être démasqué. Comme un écrivain invente son roman au fur et à mesure, le mensonge s'amplifie et finit par devenir incontrôlable. Quand un interlocuteur demande des précisions sur des incohérences ou des contradictions, il faut inventer un autre mensonge pour retomber sur ses pieds et mentir à nouveau pour masquer les premiers mensonges. C'est un engrenage infernal dont on ne sort souvent que de façon dramatique. Il arrive un moment inévitable où les tensions entre le *vrai self* et le *faux self* deviennent trop fortes. Les personnes entrent alors dans un processus d'autodestruction. « Il aurait préféré souffrir pour de bon du cancer que du mensonge – car le mensonge était une maladie, avec son étiologie, ses risques de métastases, son pronostic vital réservé. »

La plupart du temps, les mythomanes sont soulagés quand on les démasque, car, plus le temps passe, plus ces mensonges sont lourds à porter.

Des conséquences dramatiques pour l'entourage

Rencontrer un mythomane peut être une expérience déstabilisante. Le mensonge est alors perçu comme une atteinte personnelle, qui suscite des réactions diverses, et le plus souvent la colère.

Benoît, alors qu'il vivait avec une autre femme, rencontre sur son lieu de travail Julie, une femme mariée, belle, mère de deux enfants. Ils ont une brève aventure à laquelle Benoît met fin très rapidement car il prend conscience qu'il tient à sa propre amie et ne souhaite pas rompre avec elle. Julie répond alors : « Quelle que soit ta décision, moi je quitte mon mari ! » Deux mois plus tard, elle lui annonce qu'elle est enceinte et le menace, s'il ne réagit pas, de révéler à tout le monde qu'il drague les femmes mariées. Benoît décide alors de s'installer avec elle mais aussitôt après, Julie lui apprend qu'elle a fait une fausse couche. Elle lui raconte aussi qu'elle est l'héritière cachée d'un homme riche et qu'elle a une leucémie qu'elle soigne en cachette.

Quelques mois plus tard, Julie est réellement enceinte. À huit mois de grossesse, elle rentre chez elle avec des brûlures et raconte que son père, homme très puissant, paie des hommes de main pour les séparer.

Leur petite fille naît mais la vie à la maison n'est pas toujours rose. Julie fait beaucoup de reproches à Benoît et le frappe même plusieurs fois. Celui-ci, pour ne pas la battre en retour, casse des objets ou sort courir.

Au bout d'un an, il décide de quitter Julie, et, parce qu'il se sent coupable de l'abandonner, cherche à savoir où elle en est de sa leucémie. En lisant les papiers médicaux qu'elle avait cachés, il constate que, pendant qu'elle prétendait soigner sa maladie, elle se faisait en fait injecter du Botox.

Benoît avoue se trouver face à quelqu'un qui le terrifie et dont il ne comprend pas le comportement. Il en vient à se demander si ce n'est pas lui qui délire. L'ex-mari de Julie continue à croire à ses histoires alors pourquoi pas lui ? Est-ce qu'elle-même croit à ce qu'elle dit ?

Lors de leur séparation, il espérait un accord amiable pour établir une garde partagée de leur fille comme elle l'avait fait avec son ex-mari, mais les choses sont beaucoup plus compliquées. Un soir, alors qu'il vient rendre visite à sa fille chez Julie, celle-ci l'enferme dans la maison avec l'enfant et cache les clefs. Il doit attendre plusieurs heures qu'elle veuille bien lui ouvrir. Une autre fois, alors qu'il part en déplacement professionnel, elle lui dépose la petite sans aucune explication, et lui doit trouver quelqu'un en urgence pour la garder. Fort heureusement, il prend le soin de déposer une main courante à la police car Julie porte plainte contre lui pour enlèvement d'enfant.

À leur travail, elle claironne partout que Benoît l'a quittée avec un bébé de six mois et lui se sent gêné vis-à-vis de ses collègues : « Je ne peux pas leur reprocher de croire aux mensonges de Julie alors que moi-même j'ai marché si longtemps ! »

3. LES ESCROCS

Pour comprendre comment fonctionnent les escrocs, revenons sur l'interview donnée sur Gay-globeradio, une radio gay du Québec[1], d'un grand manipulateur, Philippe (prénom changé pour l'émission car il était en liberté conditionnelle).

_____
1. Gayglobe.us/philippe 06.04.10.html

Philippe est considéré comme le plus grand fraudeur (nous dirions escroc) actuel au Québec en termes de volume et de sommes. Il aurait fait plus de 300 victimes dans la communauté gay au Québec mais aussi dans d'autres pays. Il a commencé à frauder à vingt ans, a été arrêté la première fois à vingt-deux ans et condamné à dix ans et demi de prison. Il a maintenant quarante-quatre ans et a passé près de quinze ans en prison.

Au départ, Philippe a commencé à vider les comptes de personnalités sportives ou du monde du spectacle – c'était un moyen facile de gagner de l'argent. Pour cela il récoltait les renseignements personnels de ses cibles et se faisait passer pour elles auprès de leur banque. À la suite d'une première interpellation qui s'est soldée par une peine très lourde (les personnalités lésées ayant fait appel à de très bons avocats), il a décidé de s'attaquer à des gens issus de milieux plus simples. Il se déclare conscient d'avoir infligé à ces personnes modestes un plus grand préjudice, leurs quelques milliers de dollars représentant pour eux les économies de plusieurs années de travail. Dans l'interview, toutefois, il n'en exprime aucun remords.

Ce qui caractérise Philippe c'est d'abord une mémoire qu'il qualifie lui-même d'infernale. Partout où il passe il emmagasine des informations. Si à une caisse quelqu'un paie devant lui avec une carte de crédit, il se souvient des numéros sur la carte. Quand il veut commettre une fraude, dit-il, il se met en mode de concentration et enregistre tout.

Quelle explication donne Philippe de son fonctionnement ? Il affirme que ses premières fraudes ont ciblé des personnes avec qui il était « tombé en amour ». Son estime de lui était alors tellement basse qu'il lui fallait se rehausser. Pour cela il mentait, se créait un personnage de toutes pièces puis finissait par y croire lui-même. « Je fraudais pour épater et acheter de l'amour. » Position intenable sur la durée. « Je m'autosabotais en fraudant la personne, sachant très bien qu'elle allait me haïr, mais je préférais être haï que blessé en étant abandonné. » Philippe explique que grâce à ce tour de passe-passe il ne ressentait pas de culpabilité : les personnes portaient plainte, le faisaient parfois arrêter, et il avait ainsi une bonne raison de leur en vouloir.

Que disent tous ceux qui l'ont rencontré ? Bien que pas très beau physiquement, tous s'accordent sur le fait que Philippe est extraordinairement séduisant et sympathique. Une de ses victimes résume ainsi : « Plutôt que d'abus de faiblesse, car je n'étais pas faible quand je l'ai rencontré, je parlerais d'abus de sympathie. » L'avis de recherche le concernant après sa rupture de conditionnelle en août 2010 proposait 2 000 dollars de récompense à qui aiderait à le retrouver et recommandait de se méfier, précisant qu'il avait un charme irrésistible qui mettait ses victimes en confiance.

On retrouve chez Philippe toutes les caractéristiques des pervers moraux : failles dans l'estime de soi, mensonges, besoin de l'autre, mais surtout une énorme capacité de séduction (« abus de sympathie »).

Les escrocs choisissent leur cible en fonction de ce qu'il y a à prendre, sans aucune considération morale. Selon Michel Polnareff, lui-même victime de Rocancourt, « il n'est qu'un minable profitant des moments de faiblesse de ses proies ». Pour eux, il faut prendre l'argent là où il est, point. Christophe Rocancourt le résume très bien : « Pour qu'on vous vole 250 000 dollars, il faut les avoir. »

Ils vont donc repérer une personne vulnérable ou susceptible de le devenir, se rapprocher d'elle, l'isoler si elle ne l'est pas, puis agir en douceur, endormir sa méfiance, lui présenter une réalité séduisante en lui racontant ce qui saura l'attirer. Car, si les escrocs savent repérer la faiblesse cachée de chacun, ils savent surtout débusquer le désir inconscient de chaque interlocuteur afin de lui proposer une solution magique et de le rendre complice de l'arnaque.

Pour eux, l'excitation vient du goût du jeu plus que de l'appât du gain. Ce qu'ils aiment, c'est franchir les limites. Tant pis si quelquefois ils se font prendre. Catherine Breillat qualifie Christophe Rocancourt de « *serial* escroc » : « Même le fric n'est finalement pas un but réfléchi, un système, juste une obsession compulsive. »

L'affaire Madoff a montré, si certains en doutaient encore, que tout le monde peut être victime d'un escroc. Nous en reparlerons au chapitre suivant.

4. LES PERVERS NARCISSIQUES

Je ne m'étendrai pas très longuement sur la description des pervers narcissiques car j'ai abondamment traité ce sujet dans un livre précédent, *Le Harcèlement moral, la violence perverse au quotidien*[1]. Je me bornerai ici à indiquer les points spécifiques de ce trouble de la personnalité extrémiste, par rapport aux autres perversions de caractère.

L'écrivain Tahar Ben Jelloun, dans un article paru dans *Le Monde*, décrit à merveille ces manipulateurs arrogants :

---

1. Hirigoyen M.-F., *Le Harcèlement moral, la violence perverse au quotidien, op. cit.*

« Le démon est une personne ordinaire. Rien ne s'affiche sur son apparence physique. Il peut être votre collaborateur, votre chef de service, ou simplement votre voisin de palier. Il faut du temps, de l'expérience et le fait d'avoir été une de ses victimes pour déceler au fond de ses yeux ce liquide jaunâtre qui trahit la bile que sécrète son âme. La bile qui alimente les manigances en vue de prendre par la force ce qui ne lui appartient pas, pour usurper le travail et le mérite des autres et éclater de rire quand il a triomphé de tout le monde, surtout de la justice et du droit[1]. »

La violence des pervers narcissiques repose sur le triptyque : séduction, emprise, manipulation. Si on retrouve chez eux les traits communs de tous les pervers moraux, ils sont beaucoup plus dissimulés et calculateurs, et présentent une capacité de destructivité très supérieure.

Séduction

Face à des pervers narcissiques, on est d'abord séduit. S'ils veulent prendre l'ascendant sur une cible, ils sauront briller de tous leurs feux. Ce qui

---

1. Ben Jelloun T., *Le Monde,* samedi 1er, dimanche 2, lundi 3 janvier 2011.

frappe chez eux, c'est un extraordinaire mélange de cynisme et de désinvolture. Toute la difficulté pour les repérer vient de ce que, à part cela, extérieurement ils semblent « normaux ». Ils peuvent même parfaitement feindre la gentillesse et la compassion.

Selon Racamier, un pervers narcissique « se montre socialisé, séducteur, socialement conforme, et se voulant supernormal : la normalité, c'est son meilleur déguisement[1] ».

Ils jouissent d'un très grand charisme et savent captiver leurs interlocuteurs avec un discours qui fait effet de brouillage. Ils en font des alliés, qu'ils instrumentalisent et entraînent par la suite dans la transgression. Tout l'art des pervers narcissiques consiste à créer chez l'autre une complicité tacite et à le pousser malgré lui à des agissements qui lui sont imposés. La jouissance suprême pour les pervers narcissiques est de détruire un individu par l'intermédiaire d'un autre et d'assister à ce combat. C'est ainsi que Nicole Prévost a induit l'acte de Michel Trouillard-Perrot tout en le laissant entièrement responsable des conséquences de cet acte.

Dans le roman de Choderlos de Laclos, *Les Liaisons dangereuses*, la marquise de Merteuil pousse le vicomte de Valmont à dévoyer la vertueuse présidente de Tourvel : « Aussitôt

---

1. Racamier P.-C., « Pensée perverse et décervelage », *Gruppo 8, op. cit.*

que vous aurez eu votre belle dévote, que vous pourrez m'en fournir une preuve, venez, je suis toute à vous[1]. »

Vampirisation

Les pervers narcissiques sont des individus incomplets qui éprouvent en permanence le besoin de regonfler leur narcissisme. Aussi, comme des vampires, vont-ils envahir le territoire psychique d'un autre dont ils auront repéré la vitalité ou les qualités qu'ils aimeraient posséder. Leur moteur, c'est l'envie, une envie consistant à s'approprier ce qu'a l'autre, non pas en cherchant à lui ressembler, mais en le détruisant. Ils ne prennent jamais en compte les besoins ou ressentis de leur victime, sauf si cela sert leurs intérêts. Ce sont des prédateurs qui cherchent à démolir les pensées de l'autre, sa capacité de réflexion et son humanité.

Lorsqu'un sujet ciblé découvre la véritable personnalité d'un pervers narcissique, il est trop tard pour s'en débarrasser. Ce dernier en profitera pour évacuer sur la victime tout son négatif, la souffrance qu'il n'éprouve pas ou son manque d'estime de soi.

---

1. Choderlos de Laclos P., *Les Liaisons dangereuses*, *op. cit.*

Si les pervers narcissiques n'ont aucun scrupule à manipuler les autres, ils n'hésitent pas à leur donner des leçons de morale et à dénoncer leurs dérapages. En général ils le font habilement, n'agissent pas directement mais en sous-main, s'exprimant par allusion, par exemple en s'arrangeant pour diffamer, semer le doute sur la moralité d'un collègue, ou lancer des rumeurs qui seront reprises par d'autres.

Déresponsabilisation

Une autre caractéristique des pervers narcissiques est la déresponsabilisation. Ils ne reconnaissent jamais qu'ils peuvent avoir mal agi ni blessé quelqu'un d'autre. Toutes leurs difficultés et tous leurs échecs sont portés au crédit d'autrui, ce qui leur permet de ne pas se remettre en cause. La projection de la haine sur l'autre leur permet de se délester de ce qui pourrait constituer une souffrance pour eux, tout en consolidant les limites entre dedans et dehors, qui leur sont problématiques.

Quand ils sont confrontés à plus fort ou plus habile qu'eux ou quand ils risquent d'être démasqués, les pervers narcissiques se posent en victime de façon à accroître leur emprise. Ils parlent alors de coup monté, de complot, de cabale. Ils peuvent aussi essayer d'apitoyer leur interlocuteur en exhibant un passé douloureux ou une enfance difficile, parfois réels.

Transgressions

Il y a chez les pervers narcissiques une grande jouissance associée à la transgression. Ils prennent plaisir à heurter le sens moral de l'autre ou à le pervertir. Chez eux la notion de loi n'est pas effacée, au contraire, ils prennent plaisir à la contourner, la dévoyer pour se présenter au bout du compte comme porteurs de la vraie loi. Tout en banalisant leurs méfaits – « tout le monde fait ça ! » –, ils remettent en question les valeurs établies et cherchent à imposer leur vision d'un monde sans bornes. Cela, comme nous l'aborderons dans le dernier chapitre, correspond du reste à une pente de notre époque.

Tout l'art des pervers narcissiques consiste à jouer avec les limites, « à la limite ». Cela explique qu'ils soient difficiles à arrêter, puisqu'on ne peut rien faire tant qu'ils ne transgressent pas la loi de façon évidente.

Un analyste pervers narcissique : Masud Khan

L'institution psychanalytique n'a pas échappé à la séduction de pervers narcissiques. Elle a compté, et compte probablement encore, de ces manipulateurs parmi ses membres les plus brillants. Le dispositif analytique, en raison de l'asymétrie des protagonistes avec d'un côté l'analysant en demande d'aide, de l'autre l'analyste « supposé savoir » – peut attirer des thérapeutes en quête de pouvoir et de séduction. L'exemple le plus célèbre est celui de Masud Khan.

Masud Khan est un psychanalyste anglais d'origine pakistanaise, qui a exercé à Londres de 1959 à 1989.

Arrivé à Londres en 1946, à la suite d'études de littérature, il entreprend une psychanalyse avec Donald Winnicott. Il devient analyste formateur en 1959 après s'être spécialisé en psychanalyse d'enfants.

Très vite, Masud Khan acquiert une renommée internationale tant pour ses interventions dans les sociétés psychanalytiques que pour ses livres qui ont été une référence pour bon nombre de professionnels. Je n'ai personnellement pas échappé à la séduction qu'exerçait son talent de conteur car, contrairement à beaucoup d'ouvrages de psychanalyse, les siens se lisaient comme des romans.

Masud Khan était grand, beau, élégant, brillant, charismatique, mais aussi riche et cultivé : il ne laissait personne indifférent. Au début de sa carrière, il fut adulé et respecté par ses pairs, quand bien même certains le décrivaient comme un être hautain, grandiose, arrogant, alternativement enchanteur ou démoniaque.

Il se faisait appeler Prince, menait grande vie, et n'hésitait pas à raccompagner amis ou analysants dans sa superbe voiture. Après son mariage en secondes noces avec Svetlana Beriozova, une première ballerine du Royal Ballet, Masud Khan eut une vie mondaine très active, recevant des artistes de la scène internationale tels que Julie Andrews, Michael Redgrave, Rudolf Noureïev, Henri Cartier-Bresson.

En tant qu'analyste, Khan était en avance sur son temps et très audacieux dans ses prises de position. Ses travaux sur le clivage et le traumatisme cumulatif constituent encore maintenant un outil très riche pour les thérapeutes.

Il était considéré comme un psychanalyste inventif mais sans doute ne faisait-il que décrire son propre vécu. Le psychanalyste André Green, dans sa préface à l'édition française du livre de Khan, *Le Soi caché*[1], écrit : « Une

---

1. Green A., introduction à Khan M., *Le Soi caché*, Gallimard, 1976 pour la traduction française.

composante de la technique de Khan est l'utilisation de la dramatisation. [...] Parfois une
situation étrange s'installe, avec un mélange de
séduction, de provocations et d'esquives. »

D'un psychanalyste inventif qui prenait parfois des distances avec le cadre analytique, il
s'engagea progressivement dans des écarts non
contrôlés, de plus en plus au service de sa
propre satisfaction. Il fut d'abord un alcoo-
lique mondain puis sa dépendance s'aggrava.
Il devenait régulièrement agressif et grossier
après avoir bu. À partir des années 1970, les
dérapages et transgressions se multiplièrent. Il
eut des liaisons avec des étudiantes et des ana-
lysantes, emprunta de l'argent à ses patients.
Wynne Godley, qui, après une analyse « normale » avec un autre psychanalyste, fit le récit
de son expérience désastreuse avec Masud
Khan, raconte que celui-ci l'avait emmené à
plusieurs reprises faire la fête ou jouer au
poker, accompagnés de leurs épouses et d'une
autre analysante. Puis « il se mit à remplir les
séances d'anecdotes sur sa vie sociale à Londres
ou occasionnellement à New York. Ce n'étaient
pas de bonnes histoires. Beaucoup étaient obs-
cènes et beaucoup étaient plates, mais elles
avaient toutes un trait commun, Khan y avait
toujours l'avantage sur quelqu'un[1]. »

---

1. Godley W., *Sauver Masud Khan*, PUF, Revue française de psychanalyse, 2003/3, vol. 67.

La communauté psychanalytique tarda à repérer la pathologie de Masud Khan car ses premiers livres étaient bien considérés. Dans les vingt dernières années de sa vie, néanmoins, il souleva de grandes controverses. Son dernier livre, fondé sur un matériel clinique entièrement inventé, suscita non seulement des vives critiques mais aussi « un sentiment de répugnance plus que justifié[1] », en raison de son cynisme et de son antisémitisme affiché.

Quelques traits de la personnalité de Khan avait interpellé certains spécialistes : il ne présentait aucun problème dépressif, était incapable de ressentir de la culpabilité ou de la honte et de demander pardon aux autres. Les commentaires, *a posteriori*, sur son analyse avec Winnicott s'accordent pour considérer que ce fut partiellement un échec. Sa rage, en particulier, n'a pas été analysée. Lui-même disait : « Des personnes comme moi sont trop privées pour être analysées. »

Les écarts de Khan ont finalement ruiné sa carrière et sa réputation. Il fut exclu de la société psychanalytique internationale et diagnostiqué pervers narcissique. Sa santé s'étant progressivement détériorée, il mourut seul en 1989.

---

1. Hopkins L. B., *L'Analyse de Masud Khan par D. W. Winnicott : une étude préliminaire des échecs de l'utilisation de l'objet*, PUF, Revue française de psychanalyse, 2003/3, vol. 67.

5. LES PARANOÏAQUES

Face à un paranoïaque, nous sommes tous en position de vulnérabilité. Sa force consiste à entraîner son interlocuteur là où il veut, moins par la séduction que par la contrainte. Comme la pression est visible, contrairement à ce qui se passe avec un pervers, les personnes ont conscience d'être manipulées. Cependant un paranoïaque peut aussi, par une attitude séductrice, chercher des alliés qu'il rangera de son côté en leur expliquant pourquoi ils doivent se méfier des autres.

Alors que les pervers narcissiques prennent pour cibles des personnes pleines de vie et riches, les victimes idéales des paranoïaques sont des êtres fragiles, des « petites choses » apeurées, faciles à dominer.

Sont paranoïaques aussi bien des personnalités où dominent des traits de caractère, certes difficiles, mais tolérables socialement, que des délires dont la caractéristique principale est un vécu de persécution.

Le caractère paranoïaque

Il se reconnaît à l'association de quatre grands traits.

L'hypertrophie du moi (mégalomanie)

Un paranoïaque est sûr de lui, intolérant aux opinions d'autrui. Il est proche d'une personnalité narcissique par l'autosuffisance, le manque d'empathie aux autres et la tendance à adopter des attitudes hautaines. Cependant, le paranoïaque tend plutôt à s'isoler alors que le narcissique est davantage engagé dans des comportements de séduction. Avec un paranoïaque, il n'y a jamais de conversation d'égal à égal car il se met dans la position dominante de celui qui sait toujours tout mieux que tout le monde.

La psychorigidité

Un paranoïaque est autoritaire et ne remet jamais en question ses affirmations. Il est impossible de discuter avec lui car il a toujours raison, ne change jamais son point de vue, ne se remet pas en cause. S'il ne reconnaît pas ses erreurs, c'est qu'il craint que son autorité soit affaiblie. Il préfère acculer l'autre pour l'amener à abonder dans son sens.

La fausseté du jugement

La fausseté du jugement peut apparaître quand le paranoïaque émet des affirmations de toute évidence contraires à la réalité, mais le plus souvent c'est la mauvaise foi qui domine. Dans ce cas, le raisonnement est logique mais il part de postulats faux, orientés par un *a priori*. Il élimine toutes les données qui ne cadrent pas avec son point de vue.

Si le paranoïaque ne ment pas à proprement parler, ce sont plutôt les autres qui esquivent le réel face à lui afin d'éviter un affrontement sans issue. Ils sentent d'emblée que, sous peine d'être rejetés violemment, ils doivent faire attention à ce qu'ils disent.

La méfiance

Chez un paranoïaque, la suspicion est aussi constante que la crainte exagérée de l'agressivité d'autrui. Il s'attend à ce que les autres l'exploitent, lui nuisent ou le trompent. Aussi est-il procédurier afin de se défendre et de « désarmer » l'autre. Mais où s'arrête le sain discernement des dangers qui nous menacent et où commence le délire ? Quand il se dit persécuté, est-il délirant ou trop lucide ? On dit que les paranoïaques sont méfiants et pourtant on reproche aussi aux victimes d'escrocs et de manipulateurs de ne pas l'avoir été assez. Où se situe la frontière ?

Cependant, contrairement à une vraie victime, le paranoïaque a du mal à se tenir à l'écart de son soi-disant persécuteur, à rompre avec lui, car ce qu'il lui attribue vient en réalité de lui et il ne peut se fuir lui-même.

Variantes caractérielles

Le caractère paranoïaque est très répandu dans le sexe masculin. Sa forme combative, en effet, est très utile pour s'imposer professionnellement. Andrew Grove, l'un des trois cofondateurs d'Intel, a décrit dans un livre comment, pour survivre à la concurrence, il faut se comporter en véritable paranoïaque :

> « Je crois effectivement à la valeur de la paranoïa dans le monde des affaires où le succès génère le germe de sa propre destruction. Plus on réussit, plus on se trouve entouré de prédateurs cherchant à vous arracher bribe après bribe de vos activités, jusqu'à ce qu'il n'en reste rien[1]. »

---

1. Grove A., *Seuls les paranoïaques survivent*, Village mondial, 1997.

Chez le sexe féminin, la forme sensible est plus répandue. Ce sont des femmes trop susceptibles qui interprètent de façon négative ou hostile tout message ou attitude de la part de leur entourage. Ce fonctionnement, parfois difficile à vivre pour les proches, explique qu'elles se fassent parfois réellement rejeter.

D'une manière générale, il arrive que les paranoïaques induisent ce qu'ils vont reprocher à l'autre. Ayant une très grande intuition du ressenti de leurs interlocuteurs, ils repèrent chez eux des velléités d'agression qu'ils vont faire éclore. Ils se disent rejetés, et c'est partiellement vrai : comme il n'est pas possible de s'opposer à eux, on finit par les éviter et les mettre réellement à l'écart. Quand ils disent qu'on leur ment, c'est également vrai, car l'entourage constate leur intolérance et leur cache des choses pour éviter des interprétations fallacieuses.

La paranoïa se combine parfois avec la perversion, constituant alors ce qu'on appelle « la petite paranoïa ». Dans ce cas, le trait dominant est une destructivité impitoyable, d'autant plus redoutable que l'interlocuteur peut se laisser fasciner par le jeu du manipulateur et par son habileté à culpabiliser les autres. L'emprise est alors décuplée par la quérulence paranoïaque. « Si la perversion se marque notamment par une recherche d'emprise sur la jouissance de l'autre, [...] la paranoïa, pour sa part, rechercherait plutôt l'emprise sur la pensée avec le discours de "vérité" qui va avec[1]. »

Le délire paranoïaque

Le délire paranoïaque est un délire interprétatif qui se met en place progressivement et qui est centré sur une personne ou un groupe de personnes. Le reste du fonctionnement est strictement normal.

Parmi les différents types de délires paranoïaques, les idées de persécution ou de jalousie sont les plus fréquemment rencontrées mais sont aussi les plus irréductibles et les plus évolutives. Le caractère logique et les argumentations convaincantes du sujet peuvent le rendre crédible pour l'entourage et mener jusqu'à un délire à deux ou à plusieurs.

1. Mijolla-Mellor S., *La Paranoïa*, PUF, Que sais-je ?, 2007.

EN GUISE DE CONCLUSION

LA SOCIÉTÉ FACILITATRICE

« Le roi de France est le plus puissant prince de l'Europe.
Il n'a point de mines d'or comme le roi d'Espagne, son
voisin : mais il a plus de richesses que lui, parce qu'il les tire
de la vanité de ses sujets, plus inépuisables que les mines. [...]
D'ailleurs ce roi est un grand magicien : il exerce son
empire sur l'esprit même de ses sujets ;
il les fait penser comme il veut[1]. »

Les cas dont nous venons de parler sont-ils si
exceptionnels ? Rien n'est moins sûr.

Régulièrement dans les médias, des faits divers
concernant des personnages importants ou médiatiques traitent de mensonges, de fraude, d'arnaques
à très grande échelle. Non seulement ces individus
peuvent prospérer mais ils n'ont même plus besoin
de dissimuler leurs méfaits, qu'ils commettent avec

---

1. Montesquieu, *Lettres persanes* (1721), Lettre 4, Livre de Poche, 2006.

arrogance. N'est-ce pas le signe que ces dérives se sont banalisées ? Les critères caractérisant les pervers moraux, mégalomanie, séduction, mensonges et absence de scrupules, sont devenus à notre époque les qualités requises pour « réussir », que ce soit dans les entreprises, le monde politique ou n'importe quelle activité sociale. La seule chose qui importe, c'est de ne pas se faire prendre. Comme l'a dit Tahar Ben Jelloun dans *Le Monde* : « L'époque est aux tricheurs, les imposteurs, les corrompus et corrupteurs, les usurpateurs et falsificateurs, ceux qui sont devenus puissants par l'argent facile et non par la vertu humanitaire[1]. »

Les recherches sur la motivation se sont étendues du marketing au management puis à tous les domaines de la vie courante. Désormais, avec les agences de communication, la manipulation a été professionnalisée et des conseillers peuvent maintenant former dirigeants et politiques à la séduction, aux demi-mensonges, voire aux arrangements avec la morale. Ils savent lisser l'apparence de leur client pour le rendre séduisant, tordre les faits pour les présenter sous un angle favorable, et mettre en scène certains événements pour influencer l'opinion en sa faveur. Ils savent également pratiquer la désinformation, discréditer les concurrents ou monter des « affaires » pour couler un adversaire.

---

1. Ben Jelloun T., *Le Monde*, samedi 1er, dimanche 2, lundi 3 janvier 2011.

Au fond, à partir d'un individu quelconque, ces experts en manipulation et en arnaque peuvent construire de toutes pièces un avatar adapté à chaque situation.

Reprenons les critères de perversion morale :

La séduction et la manipulation

La séduction aussi bien interpersonnelle que sociale est devenue la clef de toutes les relations. La première tâche du service de communication d'une organisation ou d'une entreprise est de séduire les clients, les consommateurs ou les citoyens. Partout l'image est primordiale. Ce qui importe c'est l'apparence, et en premier lieu l'apparence physique. D'ailleurs des études ont montré que les politiciens physiquement séduisants (surtout les hommes) comptabilisent davantage de voix que les autres.

Être séduisant, cela passe par une allure affirmée, la tonalité de la voix, et par un certain nombre de comportements non verbaux, mouvements et utilisation de l'espace. Tout cela peut se travailler avec des coachs. C'est ce que font les politiques. Ils apprennent aussi à personnaliser leur image, en se faisant photographier dans leur cuisine ou en participant à des programmes de divertissement. Cela leur permet de créer artificiellement une proximité avec les électeurs afin que ces derniers puissent s'identifier à eux.

Nous vivons dans un monde d'apparences, où peu importe qui on est et ce que l'on fait, ce qui compte, c'est ce que l'on donne à voir.

Ce culte de l'image s'est étendu à tous les domaines. Dans le monde du travail, on se préoccupe beaucoup moins des conséquences lointaines de nos actions que de leurs résultats immédiats et apparents. Il ne suffit plus de travailler et d'apporter de bons résultats, il faut aussi se montrer, se faire mieux apprécier, faire marcher son réseau. Ce qui importe, c'est la visibilité plus que le rendement et l'efficacité, un carnet d'adresses bien rempli plus que le talent.

La séduction passe aussi par le langage. Comme nous l'avons analysé, on peut manipuler l'autre par des paroles charmeuses. Cela permet de se montrer violent mais sous couvert de douceur. Il suffit d'enrober son message dans un langage euphémique et lénifiant, de parler de bien-être, de respect, de tolérance. Dans sa leçon inaugurale au Collège de France le 7 janvier 1977, Roland Barthes avait dit : « Discourir, c'est assujettir. » Avant lui, Platon avait pointé ce fait dans son dialogue intitulé *Gorgias*, où il suggérait que la rhétorique, par la douceur et la séduction, induisait la persuasion. Gorgias théorisait avant l'heure ce que nous appelons aujourd'hui la *communication*.

Le mensonge

De nos jours, la frontière entre mensonge et réalité s'est estompée. Les petits arrangements avec la vérité, les approximations et les formules à l'emporte-pièce sont devenus systématiques. Ce qui importe c'est d'occuper le terrain, se donner à voir afin de s'imposer dans le psychisme de l'interlocuteur (ne serait-ce pas ce que nous avions dit à propos du harcèlement par intrusion ?). Le mensonge s'est tellement banalisé que des menteurs reconnus comme tels continuent à s'exprimer dans les médias, ou conservent leur mandat politique.

Bien sûr, théoriquement, avec les nouveaux outils de communication, quelques clics de souris permettent de vérifier chiffres et arguments, mais les hommes et femmes de pouvoir, aidés par une armée de conseillers en communication et en marketing, les *spin doctors*, apprennent à utiliser la langue de bois et à donner des réponses approximatives. Quand Dominique Strauss-Kahn brandit le rapport du procureur sur le plateau de TF1 comme une preuve de son innocence, il sait que c'est un semi-mensonge mais espère que cela passe pour une vérité.

Sur les plateaux télévisés, quand le temps de parole est bref, les politiques doivent simplifier leur discours, dissimuler leur maîtrise incomplète des dossiers. En usant d'euphémismes

pour décrire des situations, en noyant l'important dans l'anecdotique, ils s'arrangent pour
dénier les réalités dérangeantes. Ils peuvent
aussi délibérément déformer la réalité en élimi-
nant les données qui ne cadrent pas avec leur
projet. C'est ainsi que George W. Bush pro-
clamait disposer des preuves de la présence
d'armes de destruction massive en Irak pour
convaincre l'opinion mondiale d'entrer en
guerre.

C'est aussi la Grèce qui, en 2004, afin
d'entrer en douceur dans la zone euro, a menti
sur ses comptes publics et sur tous les chiffres
transmis à Eurostat, annonçant un déficit de
2 % du PIB (produit intérieur brut) au lieu
de 4,1 %[1]. Les autres pays membres ont eu la
désagréable impression d'avoir été manipulés
mais la Grèce n'a pas été sanctionnée : rares
étaient les États de l'Eurozone qui n'avaient
rien à se reprocher. Chaque pays organise ses
petites tricheries plus ou moins légales, ses
tours de passe-passe comptables. On n'a pas
hésité à mandater des banques prestigieuses
pour aider certains pays à présenter leurs
comptes publics sous un meilleur jour.

Bien sûr ce n'est pas nouveau. Hannah Arendt
écrivait en 1969 : « Le secret – ce qu'on appelle

---

1. Gatinois Cl. et Van Renterghem M., *Le Monde*, samedi 20 février
2010.

diplomatiquement la "discrétion", ou encore "*arcana imperii*", les mystères du pouvoir – la tromperie, la falsification délibérée et le mensonge pur et simple employés comme moyens légitimes de parvenir à la réalisation d'objectifs politiques, font partie de l'histoire aussi loin qu'on remonte dans le passé[1]. »

Comme un film récent *(L'Exercice de l'État)* l'a montré, pour réussir en politique il faut intriguer, mentir, donner des coups, faire du chantage. C'est la règle du jeu dans un monde où, pour survivre, il faut l'appui de son corps ou de son réseau et surtout « tenir » l'autre.

Même si on préfère se le cacher, le monde de l'entreprise a été contaminé par cette banalisation du mensonge. Pour un recrutement, il faut savoir « arranger » son CV ; pour négocier un contrat, il faut dire ce que l'interlocuteur souhaite entendre.

Daniel J. Isenberg, professeur de management dans le Massachusetts, a publié un article qui a choqué. Il se demandait si tout bon entrepreneur ne devait pas mentir pour réussir et se proposait d'apprendre aux novices quand et comment tromper son monde.

Il posait clairement les questions qu'on a d'ordinaire des scrupules à formuler :

---

1. H. Arendt, *Du mensonge à la violence*, Calmann-Lévy, 1972 pour la traduction française.

– Est-il admissible de tordre la vérité lorsque toutes les parties prenantes à une affaire sont conscientes que toutes les prévisions chiffrées sont exagérées ou déformées ?

– Doit-on adapter ses mensonges en fonction de la culture du pays avec lequel on négocie ?

Une autre étude de Dana Carney de la Columbia Business School affirme que les personnes en position de pouvoir sont de bien meilleurs menteurs que le commun des mortels[1].

Le discours managérial est un exemple de ces demi-vérités et autres arrangements avec la réalité. Il se veut séducteur pour le candidat à l'embauche et pour la bonne image extérieure de l'entreprise, mais il est surtout manipulateur, cherchant à mettre les salariés sous emprise afin qu'ils obéissent docilement. Ce discours, d'une apparente neutralité et d'une rationalité incontestable, met en avant des valeurs nobles et universelles comme l'intégrité, la solidarité et la convivialité, mais il est pervers en ce sens qu'il instrumentalise les personnes et évacue l'humain.

Ainsi que le montre Michela Marzano[2], c'est un discours souvent mensonger, avec des injonctions

---

1. J.-M. Dumay, « Mentir pour entreprendre », *Le Monde magazine*, 5 juin 2010.
2. Marzano M., *Extension du domaine de la manipulation*, Grasset, 2008.

inconciliables. On parle par exemple d'autonomie des salariés, alors que leurs objectifs sont fixés à l'avance, ou bien on leur demande de s'engager bien que, avec la flexibilité, ils sachent très bien qu'ils sont interchangeables et peuvent être licenciés du jour au lendemain. Le mensonge est parfois plus direct, à l'instar de ces entreprises qui prennent la crise économique pour excuse et licencient du personnel en dépit d'excellents résultats.

Dans le discours managérial, on masque son incompétence et on se donne une image de professionnel sérieux en remplaçant les mots simples par des mots redondants, des abréviations et des anglicismes. On enfile les néologismes, les mots choc, les généralisations hâtives, les tautologies, les euphémismes. Comme la Novlangue de George Orwell dans *1984*[1], c'est un parler creux qui n'a pas pour but de dire quelque chose mais seulement de produire un certain effet visant l'adhésion.

En effet derrière cette apparence d'attention et d'empathie perce souvent un déni du salarié que l'on culpabilise et que l'on rejette s'il ne suit pas. On crée ainsi un écran sémantique afin de cacher que l'on demande plus que jamais soumission et obéissance au salarié.

---

1. Orwell G., *1984, op. cit.*

Absence de scrupules

La crise économique a permis aux citoyens de prendre conscience de la fréquence, sur les places financières, de la transgression de la loi. C'est presque devenu une norme. On a vu des comportements contestables de la part de grandes banques d'affaires et de fonds d'investissement. Certains ont su en profiter :

Le 11 décembre 2008, Bernard Madoff, financier respecté de Wall Street depuis 1960, ancien président du Nasdaq, avouait une gigantesque escroquerie devant le FBI. Il aurait fait perdre 50 milliards de dollars à ses clients qu'il avait séduits par des promesses de gains mirifiques. Il a réussi à flouer les plus grandes banques internationales, des riches investisseurs et aussi des organisations caritatives.

Pendant des années, Bernard Madoff a trompé la SEC (Securities and Exchange Commission) qui venait vérifier ses comptes. Les contrôleurs se laissaient bluffer par l'assurance et la prestance de cet escroc à grande échelle, le laissant ainsi détourner des sommes fabuleuses.

Quand on l'a démasqué, Madoff, tout comme Stavisky en 1934, a révélé tout un

système de magouilles et d'imposture généra-
lisée.

Le comportement de Madoff n'est pas très différent de celui de Philippe, l'escroc québécois. Il
agit seulement à plus grande échelle et moins en
solitaire.

Les banquiers qui mettent en péril notre économie font strictement la même chose, mais ils
prennent au préalable la précaution d'affiner leur
réseau (anciens des mêmes grandes écoles par
exemple), de mettre en place des soutiens politiques, etc. Ils s'arrangent pour quitter la scène à
temps avec leurs parachutes dorés et leurs retraites
chapeau. Qu'ils entraînent la faillite de leur
banque, cela leur importe peu : « C'est la faute à la
crise ». Ils ne se reconnaissent aucune responsabilité. C'est en cela qu'ils sont plus proches des pervers narcissiques que des petits escrocs comme
Philippe qui, lui, sait pertinemment qu'il triche et
ment. Ces banquiers n'expriment pas de regret
pour leurs dérives de comportement ni de honte
d'avoir « mal agi ». On retrouve chez eux la même
avidité de puissance qui les pousse à jouer à cette
gigantesque machine à sous, avec, à la clé, des
sommes mirobolantes. Assez vite, emportés par leur
mégalomanie, ils perdent le sens des limites et peuvent aller jusqu'à produire de fausses informations
financières à l'Autorité des marchés financiers
(AMF).

Déresponsabilisation

Quand un manipulateur / tricheur est démasqué, nous avons vu que pour lui la solution est de se poser en victime. C'est d'abord la dénégation : « Je n'ai jamais dit (ou fait) cela », puis l'indignation : « Comment peut-on dire cela de moi ? Ceux qui me connaissent savent bien que c'est faux ! » Ensuite on invoque la discrimination : « C'est à cause de mon origine sociale, c'est parce que je suis femme / noir / juif... ». Enfin on accuse : « C'est une cabale, un complot. »

Mettre ses difficultés sur le compte des autres, attribuer sa douleur à leur attitude injuste, est une façon de se protéger quand l'estime de soi est déjà fragilisée. Cela se pratique de plus en plus. En tant que psychiatre, je reçois parfois des personnes qui ne consultent aucunement pour s'interroger sur eux-mêmes mais qui viennent uniquement pour faire reconnaître leur position de victime.

Changement des valeurs

Les valeurs actuelles ont changé. On privilégie la voie rapide qui consiste à avancer beaucoup plus par la débrouille que par l'effort, par la triche que par le travail. Comme dans *Star Academy* on veut croire qu'il est possible de devenir riche et célèbre simplement en passant à la télévision. On ne construit plus sa pensée, mais on zappe avec les idées des autres. On fait parler de soi en écrivant (ou plutôt en faisant écrire) un livre destiné à faire du buzz, où on plagie en prenant pour excuse la rapidité de la rédaction ou l'erreur inexcusable du nègre.

Notre monde s'est durci. Que ce soit dans les comportements professionnels ou politiques, la bienveillance n'est plus de mise, elle est même suspecte, assimilée à de la mollesse. Elle a été remplacée par l'obsession d'éliminer le concurrent de la course, la nécessité d'être féroce, de ne pas faire de cadeaux. D'ailleurs des études ont révélé que ceux qui ont le plus gros pouvoir de nuisance sont favorisés pour les promotions.

La nature humaine est ainsi faite. En 1929, Freud écrivait : « L'homme n'est point cet être débonnaire, au cœur assoiffé d'amour, dont on dit qu'il se défend quand on l'attaque, mais un être, au contraire, qui doit porter au compte de ses données instinctives une bonne somme d'agressivité. Pour lui, par conséquent, le prochain n'est pas seulement un auxiliaire et un objet sexuel possibles, mais aussi un objet de tentation. L'homme est, en effet, tenté de satisfaire son besoin d'agression aux dépens de son prochain, d'exploiter son travail sans dédommagements, de l'utiliser sexuellement sans son consentement, de s'approprier ses biens, de l'humilier, de lui infliger des souffrances, de le martyriser et de le tuer[1]. »

Pourquoi acceptons-nous ?

Le citoyen est-il devenu particulièrement naïf ou bien est-il désabusé, apathique, rendu passif par l'emprise sociale ?

Avec les nouvelles techniques de communication se sont mises en place des méthodes de conditionnement plus subtiles, plus insidieuses et aussi plus efficaces. À travers les sondages, il est possible de déceler nos désirs les plus profonds, nos faiblesses cachées, ce qui permet ensuite de nous solliciter à travers nos points de vulnérabilité. Parce que nous sommes consultés, sondés, nous croyons décider en toute liberté, mais les réponses nous ont été inculquées. Il s'agit certes d'une domination douce mais qui néanmoins nous assujettit.

Le contrôle social est moins directif, plus habile, se cache derrière les progrès de la science et les nouvelles technologies, et se fait essentiellement par la persuasion et la culpabilisation. On nous rend responsables de tout, y compris de notre santé. Il faut être en forme, heureux, épanouis, performants. On exalte le management de soi, l'obligation de

---

1. Freud S., *Malaise dans la civilisation* (1929), Petite Bibliothèque Payot, 2010.

devenir entrepreneur de soi-même. Cela épuise les individus et entraîne chez eux des pathologies de l'insuffisance décrites si bien par Ehrenberg[1]. Que ce soit au travail, en famille ou dans la vie sociale, les personnes craignent de « ne pas y arriver » ou « de ne pas être à la hauteur », et quand elles consultent, c'est pour demander une pilule qui leur permettra d'assurer.

L'individu moderne est libre et autonome mais il est aussi plus formaté car notre monde est de plus en plus standardisé, normé. Aussi, pour avoir le bon profil et éviter l'exclusion, faut-il feindre, avoir l'air battant, masquer sa fatigue ou sa lassitude. On développe ainsi un *faux self* adaptatif, qui nous éloigne de nos véritables sentiments intérieurs et nous plonge dans une existence dépourvue d'authenticité.

Devant tant de pressions et de sollicitations, forte est la tentation de capituler, de tout accepter, de renoncer à assumer son propre destin.

Dans une société qui manque de sens, on se raccroche à ce qu'on peut. « N'importe quel sens vaut mieux que pas de sens du tout », écrivait Nietzsche. Cela explique le développement des sectes et des religions intégristes, qui proposent des repères évidents et stables, où il existe quelqu'un à suivre et un idéal vers quoi tendre. Comment discriminer alors entre l'info et l'intox ?

---

1. Ehrenberg A., *La Fatigue d'être soi,* Odile Jacob, 1998.

La perte des limites

Dans notre société narcissique, il n'y a plus de limites aux désirs, et donc, il n'y a plus rien à désirer. Tout paraît possible, donc tout semble dû. Nous avons perdu le sens de l'interdit et du renoncement pulsionnel. Ce changement important est venu affecter la psychopathologie des sujets qui n'ont jamais été aussi déçus et désenchantés et qui cherchent désespérément à rehausser leur estime de soi.

N'est-ce pas cette atteinte aux limites qui était pressentie quand les psychanalystes ont commencé à parler d'*état limite* ?

Ce concept de *borderline* est apparu d'abord dans les années 1960 avec le psychiatre américain Kernberg, et a été étudié en France dans les années 1980 sous le terme d'*état limite* par le psychanalyste Bergeret.

L'état limite est une organisation de la personnalité oscillant entre des aspects névrotiques et des aspects psychotiques. Ces individus alternent entre des moments où ils sont hyperadaptés, bien insérés dans le réel, et des moments projectifs où cette même réalité est déformée et interprétée de façon excessive et effrénée[1]. Pour le dire autrement, l'état limite n'est pas une structure, mais un mode de

---

1. Chabert C., « Les fonctionnements limites : quelles limites ? », in *Les États limites*, PUF, 1999.

fonctionnement qui consiste à sauter d'un côté à l'autre de la frontière.

Le diagnostic d'état limite ne constitue pas en soi une pathologie. Certaines de ces personnes fonctionnent de façon tout à fait satisfaisante, même si les limites de leur moi demeurent poreuses. Parce que leur auto-estime est basse, elles éprouvent le besoin constant d'être admirées. La relation qu'elles mettent en place avec les autres est faite de dépendance et d'étayage, établissant une fusion plutôt qu'une vraie relation.

Ce mode de fonctionnement, de plus en plus répandu, traduit une insécurité interne qui rend vulnérable à la manipulation et à l'abus.

Mais la frontière est étroite entre abusés et abuseurs, car l'état limite est marqué par une instabilité qui peut évoluer :

– soit vers un aménagement caractériel. Au mieux ce sera une pseudo-névrose avec un grand risque dépressif, ou bien une rigidification en « petits paranoïaques » qui s'estiment constamment victimes des autres et se plaignent de ne pas recevoir d'eux l'attention espérée ;

– soit vers les aménagements pervers dont nous avons parlé précédemment.

Dans cet immense jeu de poker social où tout le monde bluffe, quels moyens ont les consommateurs, les citoyens de se protéger ? Que faire contre le cynisme et contre les abus des gens de pouvoir ?

Même s'il est éduqué et cultivé, l'individu moderne, parce qu'il est devenu incertain, est éminemment influençable. Il veut être libre mais peut d'autant mieux être manipulé qu'il a le sentiment de jouir de cette liberté. Il devra donc être particulièrement vigilant, non pour se méfier de tout et de tout le monde, mais pour s'interroger sur les limites de ce qui lui paraît acceptable. Qu'est-ce qui lui convient, qu'est-ce qu'il refuse ? Comment repérer ses propres dérives pour savoir à quel moment il devient lui-même abusif ?

Ouvrons les yeux pour ne pas tomber dans les pièges qui nous sont tendus, éduquons nos enfants et faisons en sorte de dénoncer le plus objectivement possible les agissements abusifs, en nous gardant d'accuser de façon arbitraire telle personne ou tel groupe de personnes.

Les temps ont changé, les excès ont lassé, l'insécurité s'est installée avec la crise économique et financière, la peur des catastrophes, des épidémies, des risques environnementaux. Après l'euphorie de la libéralisation, c'est le désenchantement. Nos contemporains ont perdu leur légèreté. Ils sont devenus méfiants, se replient sur eux-mêmes, et ne s'illusionnent plus quant aux discours des politiques. Ils ont le sentiment d'avoir été bernés. Ceux que fascinait initialement le comportement de jouisseurs de certaines figures médiatiques ont peut-être compris qu'un seuil avait été franchi.

Alors que le changement social récent allait dans le sens de l'autonomie individuelle, on voit apparaître aujourd'hui une plus grande demande d'autorité publique. Mais attention, l'inflation du droit actuelle ne doit pas se substituer à un contrôle interne.

Si, à l'heure où j'écris ces lignes, quelques grands arnaqueurs et imposteurs ont été interpellés, si ce n'est encore sanctionnés, c'est que les temps ont changé. Serait-ce le début d'une plus grande vigilance ?

TABLE DES MATIÈRES

Cet ouvrage a été composé
par PCA à Rezé (Loire-Atlantique)
et achevé d'imprimer en France
par CPI Bussière
à Saint-Amand-Montrond (Cher)
en août 2012

N° d'édition : 04. — N° d'impression : 122746.
Dépôt légal : août 2012.